СЛОВНИК ВІЙНИ

A UKRAINIAN DICTIONARY OF WAR

СЛОВНИК ВІЙНИ

Упорядник **Остап Сливинський**

З української переклали

Грейс Магоні *та* **Тарас Малкович**

Видавництво «Лост Горс»
Сайо, Орегон

A UKRAINIAN DICTIONARY OF WAR

Compiled by **Ostap Slyvynsky**

Translated from the Ukrainian by

Grace Mahoney *and* **Taras Malkovych**

LOST HORSE PRESS
Scio, Oregon

ACKNOWLEDGMENTS

Excerpts of this text were published online in *Document Journal* in June 2022 in an article titled, "A war vocabulary: Displaced Ukrainians share fragmented stories of loss, trauma, and absurdity."

Permission to print and translate the poem "Моя голова котиться від посадки до посадки" by Maksym Krytsov has been granted by the poet's estate.

Series Editor: Grace Mahoney

Cover Art & Interior Illustrations by Anastasiia Avramchuk
Photo of Ostap Slyvynsky: Valentyn Kuzan
Photo of Grace Mahoney: Michael Driscoll
Photo of Taras Malkovych: From personal files
Book Design: Christine Lysnewycz Holbert

This and other fine Lost Horse Press books can be viewed online at www.losthorsepress.org.

FIRST EDITION

LIBRARY OF CONGRESS CATALOGING-IN-PUBLICATION DATA
Cataloging-in-Publication Data may be obtained from the Library of Congress.
ISBN 979-8-9890965-9-6.

A documentary project published in conjunction with the

Lost Horse Press Contemporary Ukrainian Poetry Series

ЗМІСТ

CONTENTS

ПЕРЕДМОВА

Польський поет Чеслав Мілош, перебуваючи в 1943-му році в окупованій нацистами Варшаві, написав цикл віршів, який називається «Світ. Наївні вірші». Більшість цих віршів є своєрідними тлумаченнями якихось простих слів: «Тривога», «Любов», «Надія», «Хвіртка», «Ґанок», «Дорога» тощо. Бо війна не лише докорінно міняє життя тих, кого вона спіткала. Вона змінює значення слів, і їх потрібно наново пояснювати. Деякі значення притуплюються, і доводиться їх наточувати, як ніж каменем. Деякі, навпаки, стають такими гострими, що об них можна поранитися. Деякі слова взагалі відмирають і опадають, як листя. Деякі виринають з якогось напівзабутого минулого і починають знов означати, стають важливими.

Коли в лютому 2022 року почалася російська агресія проти України, я також спробував складати такий словничок війни. Але цей словник – це не вірші чи взагалі тексти, які створив я. У ньому немає нічого, що було б витвором моєї або чиєї завгодно фантазії. Усі «статті» цього словника – про насправді пережите, продумане і відчуте. Це – фрагменти чужих монологів, які я почув упродовж цих тяжких днів.

На львівському вокзалі, через який у перші тижні і місяці війни перекочувалися зі сходу на захід хвилі із сотень тисяч вимушених переселенців, у тимчасових притулках, навіть просто на вулиці, біля кіосків із кавою люди розповідали. Часом починали розповідати самі, іноді треба було делікатно зачепити, поставити кілька простих питань, і проривала якась хвиля, яку важко було спинити.

Серед людей, чиїми голосами говорить «Словник війни», – ті, що змушені були покинути свої домівки і пуститися в

FOREWORD

While living under Nazi occupation in 1943, Polish poet Czesław Miłosz observed life in Warsaw through a cycle of poems. In *The World: Naïve Poems*, Miłosz offered new interpretations to common words such as anxiety, love, hope, gate, porch, road, and others. He did this because war not only fundamentally changes the lives of those it has befallen, but it also changes the meaning of words, and they should be defined anew. Some words become blunt and have to be sharpened, like a knife against stone. Others, on the contrary, become so sharp that you could cut yourself on them. Some words wither and fall like autumn leaves. Others emerge from some half-forgotten past, grow in meaning, and become important.

In February 2022 when the Russian aggression against Ukraine escalated, I also attempted to compile such a dictionary of war. But this dictionary is not made of poems or texts that I have authored. Nothing in it is a figment of my or anyone else's imagination. All the entries of this dictionary relate that which has actually been experienced, thought, and felt. These are fragments extracted from the monologues of others whose accounts I listened to during these difficult times.

In the first weeks and months of the big war, waves of hundreds of thousands of displaced people, who were moving from east to west, passed through the Lviv railway station. In temporary shelters, on the streets, near coffee kiosks, all around—people told their stories. Sometimes, they would begin to speak without prompting. Other times, all they needed was a slight nudge—after asking a few questions, a kind of wave broke through after which it became difficult to stop.

невідоме, волонтери і медики, військові, громадські активісти і митці: дуже різні, але об'єднані спільним переживанням і єдиним поривом люди, в чиєму житті з'явилася війна.

Іноді ці розповіді лише трошки оброблені, рівно настільки, щоб уривок довшої оповіді набув значення самостійної цілості. Деякі перекладені з російської.
Багато з цих оповідей записав не я, а мої співавтори і співавторки, такі самі учасники і свідки цієї війни. Це і їхні особисті історії, і сюжети, почуті від інших людей. Таким чином «Словник війни» став річкою, в яку різними шляхами стікалися історії про слова.

Ось список співавторів і співавторок словника, кожному і кожній з яких я вдячний:

Костянтин Васюков

Юлія Вротна

Оксана Давидова

Лариса Денисенко

Яніна Дияк

Катерина Єгорушкіна

Андрій Жолоб

Євген Клімакін

Оксана Курило

Арина Лепетюх

Світлана Мельник

Олександр Моцар

Лесик Панасюк

Олена Прилуцька

Анна Процук

Богдана Романцова

The people behind the entries in this dictionary of war include those who were forced to leave their homes and venture into the unknown, aid volunteers and medics, soldiers, social activists, and artists. All very different people connected by the experience that war has appeared in their lives.

Sometimes these entries are only slightly processed, just enough to make a fragment of a longer story take on the meaning of an independent whole. Some are translated from Russian to Ukrainian. Many of these accounts were recorded not by me but by my co-authors, who are also participants and witnesses of this war. The dictionary includes their accounts and those they recorded from other people. In this way, the dictionary of war becomes a river into which the tributaries of many stories flow from different sources.

I am grateful to each and every one of my co-authors of this dictionary:

Kostiantyn Vasiukov

Iuliia Vrotna

Oksana Davydova

Larysa Denysenko

Ianina Dyiak

Kateryna Iehorushkina

Andrii Zholob

Ievhen Klimakin

Oksana Kurylo

Aryna Lepetiukh

Svitlana Mel'nyk

Oleksandr Motsar

Lesyk Panasiuk

Anna Protsuk

Юлія Романюк

Віолетта Терлига

Дмитро Ткачук

Станіслав Туріна

Вікторія Черняхівська

Отже, почнемо.

– Остап Сливинський

Olena Pryluts'ka
Bohdana Romantsova
Iuliia Romaniuk
Violetta Terlyha
Dmytro Tkachuk
Stanislav Turina
Viktoriia Cherniakhivs'ka

So, let's begin.

—Ostap Slyvynsky

A

АВТОБУС

Дмитро, Київ

Я піднімаю очі, зверху нам махають руками військові і кричать «Біжіть! Бііжіііть!!!». Поруч горять два будинки, ми зовсім близько від нашого блокпосту, і я розумію, що в будь-який момент може прилетіти снаряд. Але бігти я не можу, бо на мені лежить бабуся, яка абсолютно не стоїть на ногах і кричить, що вона більше не може. Але ми пішли. Пішли як змогли. Рачки, навприсядки. Але все одно не встигали за іншими і залишалася позаду.

Ми, мабуть, так і не вигребли б із того моста, якби в цей момент до нас не під'їхав бус. Відкрилися двері, і ми побачили, що там сидить жінка на візку, яку перенесли перед нами, та декілька інших людей. Місця в машині майже не було, тому я заштовхав туди бабусю, закрив двері і сам побіг у бік блокпосту.

Я біг, поруч бігла моя сестра та низка не знайомих мені людей. Попереду був наш блокпост, за яким стояли дві дівчини у військовій формі і махали нам руками. П'ятдесят метрів. Сорок п'ять метрів. Сорок метрів. Тридцять. Двадцять. Десять. Мені здавалося, що ця дистанція, цей найдовший в моєму житті крос не закінчиться ніколи. Але ось ми пробігаємо повз дівчат, забігаємо на трасу, яка знаходиться в лісі, і по інерції біжимо ще метрів п'ятдесят.

Ми в Києві. Ми вдома.

Назустріч нам виїжджає звичайний пасажирський київський автобус. Жовто-блакитний. Рятівний.

BUS

Dmytro, Kyiv

I look up and see soldiers waving at us and shouting, "Run! Ruuuun!" Two nearby houses are on fire. We are very close to our roadblock. I'm aware that at any moment, a missile could strike. But I can't run, because there's an old lady lying on top of me. She can't get up, and she's screaming that she can't go on. But we get up and manage as best we can—crawling on all fours, squatting. But we still can't keep up with the others and are lagging behind.

Probably we wouldn't have made it off that bridge at all if it weren't for the van that approached us. The door opens, and we see a woman in a wheelchair and a couple of other people inside. There's almost no room to spare, so I tuck the old lady in, close the door, and take off for the roadblock on my own.

I'm running, and my sister and a couple of strangers are beside me. The roadblock stands in front of us, and two girls in military uniforms wave us in. Fifty meters. Forty-five meters. Forty meters. Thirty. Twenty. Ten. I think: this distance, this longest-race-of-my-life, will never end. But we do it. We run past those girls to a trail in the woods. And then we run another fifty meters on our own momentum.

We are in Kyiv. We are home.

An ordinary Kyiv passenger bus comes to meet us. A blue and yellow one. A rescue bus.

АЛИЧА

Віка, Маріуполь

Коли хлопці почали дерева рубати – а це вже було дня десятого, коли спалили все, що лежало, якісь старі меблі з підвалу, коробки, ящики – з криками вибігла одна наша сусідка, бабулька років вісімдесяти. Почала кричати, що не дасть аличу зрубати. Ми навіть не знали, що то алича, вона не родила ніколи. Та й рубати її ніхто не збирався, дерево таке хирляве. Але вона взялася його сторожити і так стояла до вечора.

То був ще час, коли я ночувала вдома, хоча ночі холодні були. І ось зранку прокидаюся, на самому світанку, дивлюся через вікно – а вона далі там, біля дерева, але вже на землі лежить. Хтось до неї виходить з під'їзду. Я й не питала потім, що з нею сталося. Не хотілося питати. Деякі речі вже просто в серце не вміщаються.

CHERRY PLUM TREE

Vika, Mariupol

It wasn't until the tenth day when they started cutting down trees for fuel—and by that point they had already burned everything else that was lying around, like old furniture from the basement, boxes, and crates. But one of our neighbors, an old woman in her eighties, ran out of her house screaming that she wouldn't allow the cherry plum tree to be harmed. We never even knew it was a cherry plum—the tree never bore fruit. In any case, no one was going to cut it down, it was such a puny thing. But she decided to guard it anyway and stood there until evening.

This was when I still slept at home, even though it was cold at night. And because of this I would wake early. That morning, in the early light, I peered through the window to see her there next to the tree, only lying on the ground. And someone from her house was walking up to check on her. I didn't ask what happened to her later. I didn't want to ask. There are some things the heart can no longer take.

Б

БАБУСІ

Юрій, Харків

Квартири двох бабусь із будинку навпроти були зруйновані, а в чужі вони йти не хотіли, бо чужі. Тому просто сиділи на лавці біля під'їзду. Там і померли від осколків. Там ми їх і поховали, на подвір'ї, копаючи ями між обстрілами.

GRANNIES

Iurii, Kharkiv

When the building across from ours was destroyed, two grannies lost their apartments. They refused to leave. They didn't want to live in someone else's home, and so they just sat on the bench near the entrance. They were hit by shrapnel and died there. We buried them in the yard. We dug their holes between shellings.

БІЛЬ

Андрій, Львів

Як пахне біль? Зазвичай весь об'єм запахів болю зібраний в одній з карет евакуаційної швидкої.

Насамперед біль пахне як м'ясний відділ господарського ринку – свіжим пошматованим м'ясом. Біль пахне кров'ю: солодкий запах з ледь металевим компонентом.

Ще біль пахне потом, багатоденним немитим тілом. До цього запаху додається нотка запаху спирту і йодних розчинів плюс хлору.

І завершує цей букет запах диму з поля бою, кави і сигарет.

Біль має дуже незабутній запах.

PAIN

Andrii, Lviv

What does pain smell like? Usually, the inside of an ambulance after an emergency run contains the full spectrum of pain's odors.

First of all, pain smells like the meat counter at a farmer's market, like freshly butchered flesh. Pain smells of blood—sweet with a hint of metal.

Pain also smells of sweat built up on a body that hasn't been washed in days. There are notes of alcohol, iodine solutions, and chlorine mixed in.

And this bouquet finishes with battlefield smoke, coffee, and cigarettes.

The smell of pain is unforgettable.

БЛИСКАВКА

Ліза, Енергодар

У мене є кілька татушок на тілі, я зробила їх колись давно, ще в старшій школі. Тоді довго не думала, набивала те, що подобалося. Суто за формою. Тепер уже багато чого з того не можу пояснити. Я вже настільки інша, аж дивно, що ще в тому самому тілі.

Коротше, у мене ось тут під грудьми набита блискавка. Зараз покажу. Я за неї найбільше боялася, коли з окупації виїжджала, бо казали, що росіяни на блокпостах шукають на тілі патріотичні тату або щось, що їм нагадує радикальні символи. Я боялася, щоб моє татуювання їм не нагадало якісь блискавки SS або щось таке. Хто знає, що їм в голову зайде?

І ось ми їдемо, до блокпосту лишається якийсь кілометр, а я відчуваю, як мені до горла клубок підкочується. Я, мабуть, ніколи ще в житті так не боялась. Знала, скільки людей там зникло, скільки машин вони розстріляли. І тут раптом грім – далекий розкотистий удар грому, як у дитинстві, зовсім не такий, як вибухи, зовсім не страшний. І – майже відразу сильна злива. І ми під потоками дощу під'їжджаємо до блокпосту. Дивимось, а блокпост ніби порожній, всі росіяни кудись поховались. До нас під дощем один здалеку вийшов, щось крикнув і махнув рукою, щоб проїжджали.

Ми жартували потім, що нам моя блискавка допомогла. Моє тату, через яке я так боялась.

LIGHTNING BOLT

Liza, Enerhodar

I have a few tattoos. I got them sometime a while back, when I was in high school. I didn't put much thought into them. I just went with whatever I liked, cool shapes. Today, I couldn't explain most of them to you. I am so different now, anyways. It's surprising that I'm still in the same body.

Long story short, I have a tattoo of a lightning bolt under my breast. See, just here. And it had me really nervous when I was leaving the occupied area, because people said that at the roadblocks Russians look for patriotic tattoos or anything that resembled radical symbols. I was afraid. I thought my tattoo could remind them of the Nazi-SS lettering or something. Who knows what they would think of?

So there we were, on our way. About a kilometer from the roadblock, I could feel a lump rising in my throat. I don't think I have ever been that scared in my life. I knew how many people went missing there, how many cars they shot at. And then, suddenly, thunder: a distant clap and rolling rumble, like in childhood, nothing like explosions, not scary at all. And, almost instantly, a heavy downpour. We drove up to the roadblock under that shower. Looking around, it seemed empty—all the Russians had hidden somewhere. Then, one of them stepped out into the rain. From a distance, he shouted something and waved us on.

Later, we joked that it was my lightning bolt that helped us—my tattoo, the one that had me so scared.

ВАГІТНІСТЬ

Таня, Донецьк–Вишгород–Чернівці

Влітку 2014-го ми тікали з Донецька з немовлям на руках. Після того я дуже боялася вагітніти. Здавалося, щойно завагітнію, і все почнеться.

Я була на другому місяці, коли ми тікали з-під Києва. А в Чернівцях моя вагітність завмерла. Лікар каже, що від початку війни кожна третя його пацієнтка така: з малятами, які вирішили піти раніше. За тридцять років роботи він такого не бачив.

PREGNANCY

Tania, Donetsk-Vyshhorod-Chernivtsi

Back in the summer of 2014, we were on the run from Donetsk with our baby in our arms. After that, I became really afraid of pregnancy. I thought: the moment I get pregnant, it will happen all over again.

It was my second month of pregnancy when we were on the run from the Kyiv suburbs. And when we made it west to Chernivtsi, I had a miscarriage. My doctor said that since the war started, every one in three of his patients was like this—carrying babies who decided to leave this world early. In thirty years of practice, he's never seen such a thing.

ВАННА

Марина, Харків

У нас не було укриття, тож вся надія була на ванну. Ніколи не думала, що ціла квартира може стиснутися до розміру ванної. Коли почало прилітати – спочатку через кілька будинків від нашого, потім через два, – я поступово перестала в квартирі прибирати, пилюку витирати, ніби махнула рукою на все. Таке воно все мені даремне стало. І тоді сказала до ванної: давай, ти мене вбережеш.

І я ж якраз у ванній була, коли у наш двір гахнули. Всі, абсолютно всі вікна вилетіли, навіть із рамами, кухня, спальня, все було всипане склом. Уся підлога – в склі і шматках рам. Я б ніде не врятувалася. Тільки у ванній. І уявляєш, наступного дня гарячу воду дали. Не знаю, чому, це як нагорода була за щось. Світла нема, а гаряча вода з крану тече! Я набрала її у ванну, свічки запалила. Ароматичну олію в себе знайшла. Почувалася, як героїня «Тисячі й однієї ночі». Як Шахерезада. Тільки ночей вже не рахую.

BATH

Maryna, Kharkiv

We didn't have a bomb shelter, so we placed all our hope in the bathroom. I never thought that the whole apartment could shrink to the size of a bathroom. As the bombardments grew nearer, first a few buildings away, then only two away, I cleaned the house less and less. I let my hand pass over the dust as it collected—it seemed pointless to me to wipe it away. I just said to my bathroom: *C'mon and save me, okay.*

And that's where I was when a missile hit the yard outside our building. All the windows were completely blown out, even the frames. In the kitchen, the bedroom, glass was everywhere—as if the floor was made of shattered glass and pieces of window pane. Out there, I wouldn't have survived. Only in the bathroom. And imagine: the next day there was hot water. I don't know why; it was like an award for something. There was no electricity, but hot water was flowing from the tap! I filled the tub and lit candles. I even dug up some bath oil to use. I felt like the queen in *One Thousand and One Nights*—Scheherazade. Only, I don't count the nights anymore.

ВЕДМІДЬ

Стас, Київ

Сон справжніший, ніж мій день. Вдень я жену справами різне в голові. В снах реальність приходить до мене. «Сон розуму народжує чудовиськ», – казав Гойя. Тепер одне з багатьох значень цих слів: треба думати через силу і супроти реальності.

А сьогодні я захотів у дитинство. І втік туди, де немає війни. В Макіівку, в Усть-Каменогорськ, у Закарпаття мого дитинства. Тепер, коли мені сумно, я вже вдруге тікаю в дитинство. Першого разу я крок за кроком згадував своє дошкільне зростання. Тепер згадую ведмедя. І свого, і ще одного уявного – двох іграшкових ведмедів. То я обіймаю його маленького, то він, величезний і білий у плями, обіймає мене. Я вигадую, і там немає війни. Скажу, просто щоб тут звучало: «фантазія». Гарні звуки такі: «фантазія».

BEAR

Stas, Kyiv

My dreaming is more real than my waking. During the day, I occupy my mind with errands. But in sleep, reality strikes back. "The Sleep of Reason Produces Monsters," as Goya put it. Now one of this phrase's many meanings is that you can't stop thinking. You must power through in order to think against reality.

Today I wanted to go back to my childhood. And so I "escaped" to where there is no war: to Makiivka, Ust-Kamenohorsk, and Zakarpattia of my childhood. Now, when I am sad, I retreat into my childhood. The first time, I thought step-by-step through each preschool phase. Now I meditate on a bear. There are two teddy bears: my own bear that I remember and another one, an imaginary one. And either I am hugging my little childhood toy, or the other, enormous one who's white with spots, hugs me. I'm fantasizing, and there is no war. Let me say it aloud—"a fantasy." This word does sound wonderful: fantasy.

ВЕСІЛЛЯ

Віка, Маріуполь

Коли ми виривалися з Маріуполя, то їхали у довгій колоні машин. Десь попереду нас – карета швидкої. Їхали повільно, обережно, в машинах було багато дітей, хворих. І майже в кожної машини на дзеркальцях, на дверних ручках, на багажниках на даху були пов'язані білі стрічки. Як на весіллі! Так, усе це нагадувало довгий весільний кортеж. Тільки ні наречених не було, ні музики.

ВЕСІЛЛЯ

Віолетта, Маріуполь

Двадцять другого лютого у брата було весілля. Ми так раділи, що чутки про війну не підтвердилися. А потім, вже десь через тиждень чи півтора, брат із дружиною вирішили тікати з Маріуполя. Зібрали валізу й рушили по трасі, щоб виходити з міста. Я їм написала на картонці «Запоріжжя», щоб вони спробували спіймати попутне авто. Так вони й вирушили у свій «медовий місяць», у свою першу «весільну подорож».

WEDDING

Vika, Mariupol

When we were escaping Mariupol, we drove in a long line of cars. Somewhere ahead of us there was an ambulance. We drove slowly and carefully—there were a lot of kids and sick people in the cars. And to signal we were civilians, almost every car had white ribbons tied to the mirrors, door handles, trunk, and roof rack. As if it was a wedding! Really, it did resemble a long wedding procession. Only there was no couple, no music.

WEDDING

Violetta, Mariupol

We celebrated my brother's wedding on February 22nd. We were so happy that rumors about the war were not confirmed. But then, a week or more later, my brother and his wife decided to flee Mariupol. They packed a suitcase and headed for the highway to leave the city on foot. I wrote "Zaporizhzhia" on a piece of cardboard for them, so they could try to catch a passing car. And that's how they set out on their "honeymoon," on their first "journey of marriage."

ВУЛИЦЯ

Стас, Київ

Вулиці тепер посічені блокпостами, наче комами. Там, де вони не перериваються блокпостами, їх неможливо впізнати. Коли вони такі, як раніше, то наче нові й незвичні. Все тепер має мати відрізок, все посічене на відрізки. Як у героїв «Стоп-Земля» є півтори години, так і вулиці в нас тепер відводять тобі максимум десять хвилин. Міст, де велися бої, я не уявляю, не хочу уявляти і не можу. Я відкидаю уяву на користь реальності, яку бачили інші.

STREET

Stas, Kyiv

All the streets have now been segmented with roadblocks, as if with commas. Wherever streets aren't punctuated this way, they are unrecognizable. If you find one as it was before the war, it feels new and unfamiliar. Everything has to be segmented right now, everything has to be regimented into units. Just like the characters in the movie *Stop-Zemlia* only have an hour and a half at their disposal, our streets now grant you ten minutes at most. And cities where the war's unfolding . . . I can't imagine. I don't want to and I won't. I reject my imagination in favor of the reality others have seen.

ГРИБ

Оксана, Київщина

Йду на пошту. Всім тілом чую гучний вибух. Обертаюся. За селом підіймається в небо чорний димний гриб. Вздовж дороги, повернувшись, мовчки стоять інші люди. Люди вдивляються в гриб. Димний гриб підіймається в небо. Люди дивляться. Гриб росте. Люди дивляться. Гриб починає розсіюватися. Люди дивляться. Гриб розвіюється чорно-сірою хмарою і зникає за деревами. Люди розвертаються і йдуть у власних справах. У світ повертаються звуки.

MUSHROOM

Oksana, Kyiv region

I'm walking to the post office when I hear a loud explosion that rocks my whole body. I turn around. Behind the village a black mushroom of smoke climbs to the sky. Along the road people turn to look and stand in silence. The people watch as the mushroom grows. They watch. The mushroom grows. They watch. The mushroom begins to dissipate. They watch. The mushroom fades into a cloud of black and gray and disappears behind the trees. The people turn around and go about their business. And the world fills with sound once more.

ГРІМ

Катерина, Київ

– Коли все почалося, у нас з'явилася нова гра, – каже жінка з Харкова, гойдаючи на гойдалці трирічну доню.

– Яка?

– Коли чуєш грім, біжи у підвал. Меншій подобається. А старший не розуміє, чому раніше ми від грому не ховалися.

THUNDER

Kateryna, Kyiv

—When it all began, we started playing a new game—says a woman from Kharkiv, while rocking her three-year-old daughter on a swing.

—What kind of game?

—Whenever you hear thunder, run down to the basement. The younger one likes it. But the older one doesn't understand why we didn't hide from the thunder before.

Гудки

Даша, Маріуполь

Дім моїх батьків рознесло бомбою повністю. Я бачила фото. Стоять зовнішні стіни, а всі перекриття попадали, дах упав. Батьки зараз у Дніпрі, але я чомусь вирішила набрати їхній домашній маріупольський номер. Не знаю, чому, навіщо. Просто пам'ятаю його ще з дитинства. Набирала його сотні разів і чомусь набрала ще раз. Я вже приготувалася почути тишу на тому кінці. Там мала бути тиша. Або, може, якесь повідомлення про те, що неможливо з'єднатися з абонентом, я не знаю, що там зараз кажуть по цих домашніх номерах. Але – уявляєте? – там були довгі гудки. Ніби хтось просто довго не бере слухавку. Я не знаю, як так. Думаю, там нічого не могло вціліти, ніякі кабелі, ніякий телефонний апарат. Але де той телефон дзвонив, для кого? Хто його чув, хто не брав слухавки?

RINGTONE

Dasha, Mariupol

My parents' house was completely destroyed by a bomb. I saw it in a photo: the outer walls still stood, but all the interior floors had fallen and the roof collapsed. Now my parents are in Dnipro, but for some reason I decided to dial their home phone in Mariupol. I don't know why or what for. I just remembered the number since I was a child. I had dialed it hundreds of times and, for some reason, typed it in again. I was prepared to hear silence on the other end. There had to be silence. Or maybe some kind of message saying the number I had dialed cannot be reached, or whatever they say now when you call a landline. But—can you imagine?—there were these long beeps of the ringtone. As if somebody just wouldn't pick up the phone. I don't know how it could be. I can't think how anything survived there, not cables or phones . . . But where was that phone ringing now? Who was it ringing for? Who could hear it? Who wouldn't pick it up?

CONDITIONER

Д

ДАЛЕКО/БЛИЗЬКО

Яніна, Київ

Далеко – це відстань між:

а) Києвом і Вінницею серед черг до заправок і блокпостів;

б) між ліжком і коридором під час вибухів;

в) місцем, де ти перебуваєш, і місцем, де немає страху.

Близько – це:

а) відстань до кожного влучання ворожих снарядів;

б) недостатньо далеко, щоб не боятися смерті;

в) відстань між Вінницею і Києвом в автівці з трьома котами без переносок.

FAR/NEAR

Ianina, Kyiv

"Far" is the distance between:

a) Kyiv and Vinnytsia through long lines at gas stations and roadblocks;

b) your bed and the hallway during bombardments;

c) the place where you are and a place where there is no fear.

"Near" is:

a) the distance from each direct hit of enemy fire;

b) not far enough to not be afraid of death;

c) the distance between Vinnytsia and Kyiv in a car with three cats without pet carriers.

ДІМ

Ірина, Львів

В інтернеті пишуть: після ядерного вибуху потрібно добре помити голову шампунем, але ні в якому разі не користуватися кондиціонером, бо він закріплює частинки радіоактивного пилу на волоссі.

У ванній беру баночку з кондиціонером і відставляю її глибоко на іншу поличку. Дивлюся якийсь час на те, що щойно зробила. Лякаюся, ставлю баночку на місце.

Так люблю її, цю баночку, в ту мить. Будь зі мною, баночко кондиціонеру. Ти – мій дім, моє все.

HOME

Iryna, Lviv

I read this online: "After a nuclear explosion, wash hair thoroughly with a shampoo but under no circumstances use a conditioner as it fixes particles of radioactive dust in the hair."

In my bathroom, I take my jar with the hair conditioner and hide it in the back of another shelf. For a while, I try to figure out what I just did. I grow anxious and put the jar back where it was.

In that moment, I love that jar so much. Stay with me, my conditioner jar. You are my home, you are my everything.

ДУШ

Олександр, Буча

Під час шквальних обстрілів приймати душ не раджу. Втрачається весь смак цієї процедури. Постійно докучає думка: якщо зараз накриють, так і лишуся жертвою війни з намиленою голою задницею.

SHOWER

Oleksandr, Bucha

I don't recommend taking a shower under heavy shelling. It takes the fun out of the whole process. I can't help thinking: if this is the one, I'll become a victim of war with a soapy bare ass.

ЖИТЛА

Дмитро, Київ

Ми дивилися на будинки і бачили розбиті кухні, залишки спалень, шпалери в дитячих та шматки дзеркал у ванних кімнатах. Дивилися і розуміли, що хтось із власників цих квартир пів життя збирав гроші, щоб побудувати і наповнити це житло. Хтось із них, мабуть, збирався прожити там усе своє життя.

Навпроти повністю рознесеного будинку стояв білборд, на якому було написано: «Нарешті власні метри тобі по кишені».

HOUSING

Dmytro, Kyiv

Looking at the buildings we saw smashed kitchens, remnants of bedrooms, nursery wallpaper, pieces of mirrors hanging in the bathrooms. Taking it in, we realized that some of the owners of these apartments had been saving money for a half of their lives to build and fill up these spaces. Some of them were probably going to spend their whole lives here.

We saw a billboard in front of one of the buildings, saying: "At last! Some affordable housing for you."

ЖИТТЯ

Віолетта, Маріуполь

Взагалі-то Восьме березня – моє улюблене свято, але цієї весни в Маріуполі я не очікувала ні подарунків, ні перших квітів. Ми з сестрою взяли баклажки й пішли шукати десь воду.

Щось на районі почало гриміти, але нам ще здавалося, що це з іншого боку. Тут я почула, як до нас наближається свист, і сказала сестрі присісти. Падати не хотілося, бо земля мокра, тож я присіла. А сестра лишилася стояти, як укопана: може, їй ще не вірилося, може, боялася здатися смішною. Поряд прогримів вибух, а потім на нас полетіла, посипалася земля. Далі ми побігли. А коли озирнулися, побачили, як недалеко від епіцентру вибуху хтось, хто досі сидів у рожевій ковдрі на лавці біля під'їзду – мабуть, грівся на сонечку, – перехиляється через лавку і неприродно падає.

Цього року на Восьме березня жінкам роздавали смерть і життя. Нам дісталося життя.

LIFE

Violetta, Mariupol

Actually, International Women's Day is my favorite holiday. But this spring in Mariupol, I didn't expect gifts or first flowers on March 8th. My sister and I gathered plastic bottles and went to look for water somewhere.

Something started roaring around the neighborhood, but we thought back then it was on the opposite side from us. Then I heard a whistle approaching, and I told my sister to get down. I didn't want to dive because the ground was wet, so I squatted. And my sister stood there as if stuck. Maybe she couldn't believe it; maybe she was afraid to look silly. An explosion thundered nearby, and soil flew up and rained down on us. We started running. And when we looked back, we saw someone sitting on a bench near the entrance to the building right next to the epicenter of the explosion. She was wrapped in a pink blanket and might have been warming herself in the sun. We saw her lean across the bench and fall unnaturally to the ground.

This year for March 8th, life and death were handed out to our women. We got life.

3

ЗЕМЛЯ

Галина Дмитрівна, Білопілля, Сумщина

Звичайно, що засіяла, аякже! Скопала, засіяла тут. Хати вважай, що нема, але ж сіяти треба. Земля й так настраждалася. Спочатку снаряди лежали, потім сапери приходили, так і сказали: йдіть, хазяйко, у сина пересидьте, ми землю вашу лікувати будемо. Так і сказали. Вони тутешні, все знають, розуміють. А тепер її засівати треба. Бо ж землю копати, засівати – це як людину гладити і чесати. Думаю собі: добре, що тут найбільші обстріли в березні були, поки вона ще спала.

LAND

Halyna Dmytrivna, Bilopillia, Sumy Region

Of course, I planted the field. Absolutely! I've harvested here and sown here. Sure, my house is kind of gone, but I have to sow the crops. The land has also suffered. First it was littered with shells. Then deminers came and said, "Ma'am, go stay with your son. We'll fix your land." And they assured me: they were all locals, they knew everything, they understood how things worked. But now, I must take care of it. For when you till a field, when you sow it, it's as though you're laying your hands on another person—stroking her skin, combing her hair. And I thought to myself, "It's good that the heaviest shelling took place back in March, when the land was still asleep."

ЗІРКА

Вікторія, Харків

Якось ми подумали, що в нас у родині немає хорошої традиції. І зробили собі зірку різдвяну. Велику таку, високу. Таку високу, що до наших квартир у п'ятиповерхівках треба було заносити її, як спис. І лампочки електричні в неї вкрутили. Навчилися колядок – ні в кого ж, крім українців, немає колядок? Ну гаразд, але не таких. І пішли колядувати. За перший рік заробили стільки, що пошили собі ще й костюми довгі. І нас навіть замовляти почали. І родичі, і друзі, і навіть чужі. Замовляли собі вертеп на свята. А зірку я на балконі лишила.

ЗІРКА

Романна, Київ

Коли вікна заклеєні скотчем, щоб скло не розліталося від вибуху, вони – як зірки. Я так у себе зробила: непрозорим скотчем, чотири смужки хрест-навхрест, на всіх вікнах. З обох боків, як інструкція каже. Коли сонце надворі, зранку прокидаєшся, а на стіні – тіні від скотчу. Оті зірки. Повзуть повільно.

Я хотіла б, щоб то був мій єдиний спогад з війни.

STAR

Viktoriia, Kharkiv

At one point we thought that we didn't have any good household traditions, so we made a Christmas Star, a huge one, very tall. It was so tall that it had to be carried like a spear to our apartment on the fifth floor of our building. And we screwed in some light bulbs as well. Then we learned some carols—only the Ukrainians have carols, right? Well, we take it to another level. And so, we went caroling. We made so much money during the first year that we were able to sew some proper winter costumes for ourselves. People started booking us. Our relatives, friends, even strangers kept ordering the "Vertep" nativity at the holidays. All this time, I've kept our star on the balcony.

STAR

Romanna, Kyiv

In order to help prevent the windows from shattering during bombardments, we tape the glass to reinforce them, and they look like stars. I did it with my windows too. Opaque tape, four strips crisscross on each window, on both sides—just like the manual says. On sunny mornings, I wake and there, on the walls, are shadows from the tape. Like stars. Crawling slowly.

I would like this to be my only memory of the war.

ЗУБИ

Уляна, Львів

Приїхав переселенець із Миколаївщини. Втік з полону. Окупанти його викрали, катували, вибили зуби.

Тепер поселився у школі.

Лежить на матраці, вкритий дитячою ковдрою. Довгі ноги стирчать. Наче школяр, тільки зуби вже не виростуть.

TEETH

Uliana, Lviv

A displaced man came to us from the Mykolaiv region. He had escaped from captivity. The invaders had abducted him, tortured him, knocked his teeth out.

Now he lives in our school.

He sleeps on a mattress covered with a baby blanket. His long legs stick out. Just like a schoolboy—only his teeth will never grow.

ІСТОРІЇ

Віка, Маріуполь

Ви ж письменник, так? Вам простіше, бо ви, коли пишете, не бачите того, кому розповідаєте. А я, коли на мене дивляться, починаю так себе жаліти, що всі слова губляться. Або навпаки, думаю: може, я так мало пережила, і смішно, що виставляю напоказ свої історії. Я ж не знаю, через що пройшла та інша людина. І вона, можливо, думає так само. Сидимо і мовчимо обоє. А насправді пережили так багато, що на сотню людей вистачило б.

STORIES

Vika, Mariupol

You're a writer, aren't you? It's easier for you, when you write—you don't see the people on the receiving end of your stories. For me, whenever people look at me, I start pitying myself so much that all my words fail. Or the opposite: sometimes I think that maybe I haven't experienced enough, and it's ridiculous to go around sharing my stories like this. Because I don't know what that other person has gone through. And maybe that person thinks the same way. And so we both sit in silence. But actually, we have both gone through so much—enough for a hundred people.

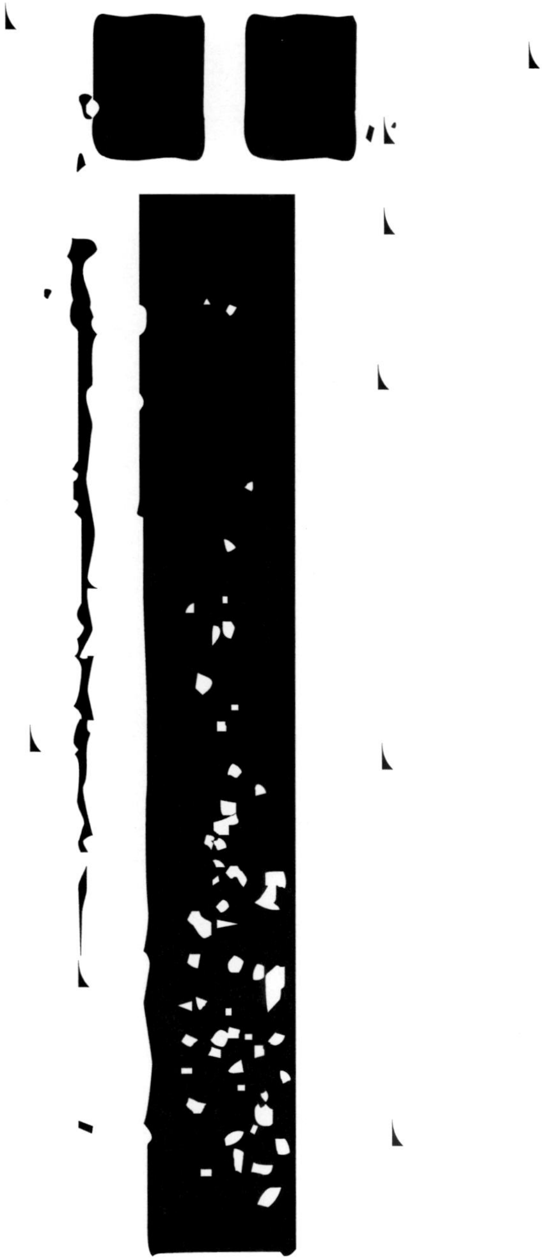

ЇЖА

Оксана, Львів

Я приймаю сім'ю, яка приїхала зі сходу, щоб поселити на ніч. Проводжу їх на кухню і кажу: тут кухня, їжу на столі можете брати.

І на цьому вони починають плакати. На фразі: їжу на кухні можете брати.

ЇЖА

Саша, Львів

Був тут у нас один дідусь…Я кажу йому: беріть, їжте. А він відмовляється. І тоді я використовую один аргумент, який завжди діє на наших старших людей: «Їжте, – кажу, – бо все одно викинемо».

І він каже: добре, давайте.

Я побігла за приборами, бо якраз закінчилися. Повертаюся, дивлюся: а він уже їсть руками.

FOOD

Oksana, Lviv

I hosted a family from the East for a night. I showed them to the kitchen and said, "Here is the kitchen, there's food there on the table you can take."

And they started crying at these words: *there's food in the kitchen for you.*

FOOD

Sasha, Lviv

There was an old man staying here with us . . . "Help yourself, eat something," I'd tell him. And he'd always refuse. But once, I used an argument that always works on our old folks: "Eat, or we'll just throw it out."

So he says, "Okay, I will."

We were out of cutlery, so I ran out to get some. When I returned, I saw he was already eating with his hands.

ЇЖА

Мар'яна, Івано-Франківськ

У мене в тривожному рюкзаку була суха їжа. Як у багатьох. Такі коржики з різними начинками. Вони мені дуже смакували ще в мирні часи, і я купила їх, довго не думаючи.

В перші тижні, коли спускалися у підвал, я їх і не торкалася, ніби чекала, що буде ще гірше, і тоді вони мені знадобляться.

А одного дня, то було десь на початку квітня, просто сіла вдома і з'їла всі. Їла з відчуттям, що роблю щось не те, і вони смакували мені, як ніколи. Вони ж були наготовані для чогось найгіршого, що я роблю?

І мені раптом так полегшало. Ніби те найгірше сталося і відразу пішло, так швидко, що я і не встигла злякатися. Минуло, і нема.

І знаєш, що я потім зробила? Знову купила коржиків. Вони досі у мене лежать. І одного дня я їх знов з'їм просто так, я майже впевнена. Точніше, мені буде здаватися, що це просто так. А насправді це найстрашніше знову станеться і відразу мине.

FOOD

Mar'iana, Ivano-Frankivsk

I kept some dried foods in my survival kit. Just like a lot of people. I had those sweet flatbreads stuffed with different fillings. I really liked them back in peacetime, so I didn't think twice when I bought them.

During the first weeks, when we started going down to the basement, I didn't touch them, as if I was waiting for things to get even worse, so that they would indeed come in handy.

And one day, it was sometime in early April, I just stayed at home and ate them all. I ate with the feeling as if I was doing something wrong, and they tasted better than ever. But I had saved them for the worst of times—what was I doing?

And suddenly, I felt so relieved. As if the worst has already happened, and it just passed like that, so fast I didn't even have time to get scared. And now it was gone.

And you know what I did next? I bought more. I still have them. And one day, I will eat them all again, just because, I am almost sure. Well, at least it will seem like "just because," when really, the worst will happen again and then pass immediately.

K

КАКАО

Богдана, Київ–Львів

Вчора людей із Краматорська було багато, дуже багато. Потяги прибували, люди підходили поїсти і поговорити. У нас саме була рисова каша на молоці – типова ранкова їжа, я таку не люблю. Закінчувалася кава, і ми думали робити далі какао. Дорослі насправді теж люблять какао, їм просто іноді незручно у цьому зізнаватися. Я шукала серед чорного чаю зелений, бо якась пані хотіла саме зеленого. Жартувала, що половину України ми нагодуємо польським тунцем, бо він буквально заполонив наш склад і витісняє звідти навіть сухе молоко. Знайшли півлітрові пляшки води, а ще я відкопала під завалами паштету цілий ящик шоколадних цукерок для дітей. Такі у смугастих зелених обгортках, ніби крихітні кавунчики. Буденні клопоти, дрібні радості, тунець – все, як завжди.

А сьогодні вони б'ють по Краматорському вокзалу. І я не можу викинути з голови, що більше тридцяти людей тепер не вип'ють кави, не попросять чаю, не простягнуть своїй дитині цукерку у смугастій обгортці. Я не вмовлятиму їх на бутерброд із тунцем. Вони ж їхали до нас, ми ж уже знайшли для них каву.

Я не знаю, чи є щось за межею. Але якщо є, там точно має бути найсмачніше у світі какао.

COCOA

Bohdana, Kyiv-Lviv

Yesterday there were so many people from Kramatorsk. So, so many. The trains rolled in, the people would come up for some food and a little chit-chat. That time around we were serving rice porridge with milk, a typical morning meal—I don't care for it. Coffee was running low, so we thought we'd start making cocoa. Adults actually like cocoa too, they're just sometimes uncomfortable admitting it. I searched for green tea among the black packets, because one of the ladies only wanted the green kind. I made jokes that we could feed half of Ukraine with Polish tuna, because it had literally filled our warehouse and was even elbowing out things like dry milk. We scavenged half-liter water bottles, and, while digging through a pile of canned paté, I found a full box of chocolate candies for the kids. They were the kind with striped green wrappers like tiny watermelons. Daily chores, small joys, tuna—everything as usual.

And today they hit the Kramatorsk railway station. And I can't get out of my head how thirty people won't be drinking coffee, won't be asking for tea, won't be handing their child a candy in watermelon wrapping. I won't be able to talk them into a tuna sandwich. They were headed to us. We had already found coffee for them.

I don't know if there is anything on the other side. But if there is, there should be the tastiest cocoa in the world.

КАЛЕНДАР

Лариса, Київ

Давно зникли вихідні та свята, але те, коли починалася субота, чи коли починався понеділок, чи на який день тижня припадає мій день народження, чи на який день розплановані важливі події, я знала. Навіть у відпустці я легко говорила близьким: сьогодні середа. Я не пам'ятаю, яким днем тижня було 24 лютого, і сьогодні не знаю, який день тижня. Це густий ядучий часопростір, який має свої особливості, який можна рахувати днями війни, комендантськими годинами, денними та нічними повітряними тривогами, але він не розкладається на календарні дні тижня.

CALENDAR

Larysa, Kyiv

Weekends and holidays haven't meant much to me for a while now, but I could always tell when a Saturday or Monday started, or on which day of the week was my birthday, or that day of the week when some important events should be taking place. Even in the fog of vacation, I could always easily tell everyone: today's Wednesday. And yet, I cannot remember which day of the week the 24th of February was, and I still don't know to this day. It's a different kind of time space—dense and corrosive—with its own characteristics marked in days of war, curfew hours, days and nights of air-raid sirens. It doesn't measure out in weekdays on a calendar.

КАНАРКА

Оля, Ірпінь

Коли ми виходили з Ірпеня, в якийсь момент стало так тихо. Поруч був дім, у який влучили снаряди. Всі вікна вибиті, вхід чимось завалений. І тут з одного вікна я почула канарку. У мене все дитинство була канарка, я цей звук ні з чим не сплутаю. Мабуть, спустилися в бомбосховище і вже не змогли повернутися. Стільки всього сталося і до того, і після, а я ту канарку не можу забути.

CANARY

Olia, Irpin

When we were leaving Irpin, there was this moment when it became so quiet. Nearby was a house that had been hit. All of the windows were broken, and something blocked the entrance. And in the silence I heard a canary through one of the windows. I kept a canary as a child, so this sound is unmistakable to me. They must have gone down to the bomb shelter and hadn't come back up yet. So much happened before and after that, but I can't forget that canary.

КАЧЕЧКА

Іра, Нікополь–Краків

Що найскладніше? Найскладніше, коли мене жаліють. Мене ніколи не жаліли, я спочатку не знала, як поводитися. Потім навчилася робити правильний вираз обличчя. Можу навіть вологі очі зробити.

Зате мені завжди треба було когось, щоб жаліти, я жити не могла без цього. Кошенятко там, качечку. Мала в дитинстві таку качечку, придумала собі, що вона раніше жила в озерці, а погані люди всю воду з озерця вичерпали. І тепер вона мусить жити у ванні. І жаліла її, жаліла. Тому я добре їх розумію.

Все, скінчилося. Я якоюсь безжальною стала. Згоріло все. Бо якби вміла жаліти, нічого не встигла б, лише б плакала.

DUCKLING

Ira, Nikopol–Krakow

What's been the most complicated thing for me? Probably, it's when people pity me. Nobody ever pitied me before. At first I didn't know how to react. Then I learned to make an appropriate facial expression. I can even make my eyes water.

But I, for one, have always needed someone to pity—I couldn't live without it. A kitten, a duckling. I had a duckling back when I was a kid, and I imagined that it once used to live in a pond, but some bad people drained all the water so now it had to live in my bathtub. And I went on pitying it. So I understand those people well enough.

But now that's all over. I've hardened a bit. Everything burned down. If I still had that pity, I wouldn't be able to do anything but cry.

КВИТКИ

Оля, Львів

Я думаю, що є якесь паралельне життя. Де ми – такі, якими були до війни.

Знаєш, є ось цей сімейний екопарк під Києвом, який просить купувати їхні квитки, хоч зараз там усе згоріло. Щоб прогодувати тварин, які вціліли. Я вчора купила кілька квитків і уявила собі, як ми з друзями гуляємо цим парком, годуємо баранців з рук, робимо фото зі страусами. Такі щасливі.

Це було схоже на картинку з тих релігійних брошурок про рай на землі. Як думаєш, ми скористаємося цими квитками?

TICKETS

Olia, Lviv

I keep thinking there is a parallel life somewhere. Where we are as we were before the war.

You know, there is this family eco-park near Kyiv that still asks people to buy their tickets even though now everything there's burned down. It's just to be able to feed the animals that survived. I bought a few tickets yesterday and imagined strolling through it with friends, feeding the lambs from our hands, taking photos with the ostriches. So happy.

It was like a picture from those religious brochures about heaven on earth. Do you think we will ever use those tickets?

КІМНАТА

Валерія, Сумщина – Варшава

Мова буває такою мудрою. Так, мова.

Ось хоча б це польське слово «pokój»: воно означає і «мир», і «кімната». Гарне слово. Я думаю про нього перед сном. Відчиняю вікно – а звідти шум дощу, машини шелестять по асфальту. І згадую собі дім. Там уже ні миру, ні кімнати.

ROOM

Valeriia, Sumy region–Warsaw

Language can be so wise. Yes, language.

Take, for instance, the Polish word "pokój" for a *room* also means *peace.* Such a nice word. I think about it before I go to bed. Opening the window, I listen to the sound of rain and cars rustling on the asphalt. And it reminds me of home. But back there, there is neither peace nor any room of mine.

КІТ

Олена, Буча

На десятий день окупації оголосили про «зелений коридор» із Бучі. Ми кинули все, швидко зібрали речі й пішли. Майже бігли, адже нам сказали, що автобуси від мерії вирушать за годину. Перед нами йшла жінка у червоних штанях, ми її знали – вона тричі намагалася вийти, і тричі росіяни її завертали. Вела під руку літню жінку з красивою сумкою-переноскою для кота. Вмовляла її:

– Ви розумієте, що він важкий, і я вас обох не потягну? Я кину вас обох і рятуватимуся. А якщо ви будете сама, я якось зможу дотягнути вас до автобуса.

Жінка плакала і притискала сумку до себе. Вже біля виходу з ЖК зупинилася і обережно поставила її на газон. Великий білий кіт перелякано озирався і не знав, що робити. Жінка заплакала ще гірше, а та, що в червоних штанях, потягнула її вперед. Того дня ніхто нікуди не поїхав. Нас просто під дім довезли хлопці з ТРО – це були перші десять хвилин у теплі за останні дні.

Не знаю, чи знайшла та жінка свого кота. Сподіва юся, їм обом пощастило.

CAT

Olena, Bucha

On the tenth day of occupation, a humanitarian corridor out of Bucha was announced. We dropped what we were doing, quickly packed our things, and headed that way. We were almost running, because they had told us that the buses would be leaving from City Hall in an hour. A woman in red pants was walking in front of us. We knew her—she had tried to get out three times, and three times the Russians forced her to turn back. She was leading an elderly woman by the arm. The older woman held a beautiful cat carrier, but the lady in red pants kept urging her:

"Don't you understand how heavy he is? I won't be able to drag both of you along. I will leave you both and save myself. But if it's just you, I'll somehow manage to get you to the bus."

The woman kept crying and holding the bag tightly to herself. Near the exit from their residential area, she stopped and carefully placed the bag on the lawn. Her large, white cat looked around, fearful and confused. The woman cried even harder, and the one in red pants pulled her forward. Nobody managed to leave that day. Some guys from the Territorial Defense Forces drove us home—it was our first ten minutes out of the cold in recent days.
I don't know if that woman found her cat. I hope they both got lucky.

КЛЮЧІ

Аріна, Макіївка–Київ

Тепер у багатьох із нас є купа різних ключів. Часом багато ключів в одній зв'язці, часом кілька зв'язок у різних кишенях і кишеньках. Ключі від дому, з якого довелося виїхати, ключі від дому, з якого довелося виїхати батькам. Ключі від квартир знайомих і друзів, які попросили приглянути за вазонами.

Мені в різний час довелося виїхати з усіх моїх домів, їх у мене було три. І всі зв'язки чогось досі зберігаю, досі пам'ятаю, який ключ від якого замка. Хоч і не знаю, чи цілі ті будинки і хто в них зараз живе. А одну зв'язку ніяк не можу впізнати. Ось вона, у ній всього два ключі. Я от дивлюся на неї, і все сподіваюся, що згадаю.

KEYS

Arina, Makiivka–Kyiv

These days many of us have a lot of different keys. Sometimes it's a lot of keys in a big bunch. Sometimes a couple of bunches spread across pockets. Keys to the house you were forced to leave, keys to the house your parents were forced to leave. Keys to the apartments of friends and acquaintances who asked you to watch their plants.

In time, I've had to leave all my homes—I had three of them. And, for whatever reason, I still keep all three batches of keys. I still remember which one opens each lock. Even though I am not sure whether the buildings are still intact or who lives there now. But there is one batch I don't recognize. Here it is, with just two keys. And here I am, looking at it, still hoping to remember.

КОЛЬОРИ

Оля, Львів

У когось прочитала, що Маріуполь – це місто, яке тепер схоже на контурну карту.

Мені здається, що вся Україна зараз така. Без кольору, лише кордони. Відійди, не чіпай.

Одного дня повернуться кольори. Я собі уявила, що це буде, як у мультфільмі Міядзакі: все зацвіте одночасно, всі квіти, яких ми зараз не помітили.

COLORS

Olia, Lviv

I read somewhere that now the city of Mariupol looks like a contour map.

It seems to me that all of Ukraine is like this now. Colorless. Just borders marked: *Stay back. Don't touch.*

One day, the colors are going to come back. I picture it like in a Miyazaki anime: everything will bloom simultaneously, all the flowers we cannot see right now.

КОНИК

Юлія, Львів

Кожного разу, коли ми проходимо вулицею повз стіну зі штучними квітами та фотопортретами загиблих, Ганнуся зупиняється і бере до рук маленького іграшкового коника, підвішеного біля фотографії розстріляної у Києві дівчинки.

Сьогодні, підійшовши до фото дівчинки, Ганнуся не знайшла там коника.

– А, ось він! – зраділа, побачивши іграшку біля фотографії чотирирічного хлопчика. Коли взяла до рук, виявилося, що коник уже не прив'язаний, а вільний.

– Мамо, можна ми візьмемо його до нас?

Я подумки відповіла, як завжди: не можна – це коник дівчинки на фотографії. Але в останню мить чомусь сказала протилежне:

– Можна. Бачиш, ці дітки дарують коника тобі, щоб ти бавилася ним і любила його, бо ти жива.

HORSE

Iuliia, Lviv

Each time we pass the wall with artificial flowers and pictures of the deceased, Hannusia stops and touches the small toy horse, which hangs near the picture of a girl who was shot dead in Kyiv.

But today, when Hannusia walked up to the girl's photo, the toy horse wasn't there.

"Oh, there it is!" she rejoiced, when she saw the horse near the picture of a four-year-old boy. She took it in her hands—the toy was no longer tied to the board; it was free.

"Mommy, can we take it with us?"

My response was: *No, it's the girl in the photo's horse.* I had it in my mind, but for some reason, I said the opposite.

"Yes, you can. See, these kids want to give you this horse as a present, for you to play with and love, because you're alive."

КОХАННЯ

Марина, Київ

За тиждень до війни я зустріла чоловіка, з яким захотілося піти на побачення.

І один раз таки пішла. Був ресторан, свічка на столі, сніг так спокійно падав за вікном. Він мене брав за руку, милувався моїм волоссям, все як я собі намріяла.

А потім почалися обстріли, ресторани позачинялися, далі позачинялися вуличні кафешки, а далі – все решта. Ми зустрілися ще раз, щоб знайти відчинений продуктовий магазин. І знайшли.

Він сказав, що служив у ракетних військах, і знає, що його покличуть на фронт. Ми мали попрощатися. Довго ходили вулицями, не зважаючи на повітряну тривогу, жували холодні чізбургери.

Я почувалася, ніби в якомусь романі, який хтось через багато років відкриє і прочитає. В романі під назвою «Кохання в часи війни».

ROMANCE

Maryna, Kyiv

A week before the war broke out, I met a man and felt like going on a date with him.

And I did once. There was a restaurant, a candle on the table, snow peacefully falling behind the window. He took my hand, played with my hair—everything was just like I dreamed it would be.

And then the shelling began. Restaurants closed first, then the street cafés, and then everything else. We met once again to find an open grocery store. And we found one.

He told me he'd served in the Rocket Forces, so he knew he'd be called to the front. We had to part ways. We wandered the streets a long time—ignoring the air-raid sirens, chewing cold cheeseburgers.

It felt as if I was in a novel of some kind, one that someone will open and read many years from now. A novel called *Love in the Time of War.*

КРАСА

Катерина, Вишгород

Нещодавно читала оповідання про Другу світову. Там дівчина вбралася у найгірший одяг своєї мами, щоб пройти непомітно повз нацистів, щоб уникнути зґвалтування. Я зависаю біля шафи: вже вдягати найгірше чи встигну проскочити? Все так швидко змінюється. Таксі не їде: то короткі гудки, то відмова. Йтиму до Києва пішки.

Краса на війні стає небезпечною. Красиві речі, люди, стосунки тепер існують не для натхнення, а для знищення. Не для споглядання та люблячих доторків, а для болю.

Мої чоботи грузнуть у багнюці вздовж траси. Телефон сигналить есемескою: «Ви щойно були на манікюрі в нашому салоні. Залиште, будь ласка, відгук».

BEAUTY

Kateryna, Vyshhorod

I read a story from World War II not so long ago. There was a girl who wore her mom's worst clothes to pass the Nazis unnoticed, to avoid being raped. I pause near my wardrobe: is it already the time to wear the worst or can I still make it? Things change so quickly. Taking a taxi isn't an option—either the phone line is busy or they refuse. I will go to Kyiv on foot.

At war, beauty becomes dangerous. Beautiful things, people, relationships, they no longer exist to inspire. They exist to be annihilated. Not for admiration and loving touches, but for pain.

My boots stick in the mud along the highway. My phone beeps with a text, "You recently had a manicure at our salon. Please leave a review."

КРЕЙДА

Валерій, Київ

Якось на Київщині ми зайшли у школу, де була база росіян. Багато там різного знайшли, папери їхні, кинуті речі. На дошках шкільних вони понаписували різну херню.

А потім ми спустилися у напівпідвал, де були якісь технічні приміщення. Вони там тримали тих, кого викрали. Можливо, там же і допитували. Я на дух відчуваю такі місця. Там просто неможливо бути, тебе ніби якась рука викидає звідти.

І на стіні в одному з таких приміщень я побачив напис крейдою: «Допоможіть. Катя». І все. І шматочок крейди в кутку. Можливо, ним це і було написано.

Я ту крейду взяв із собою. Ніби той шматочок мав би мені допомогти знайти Катю. Якщо вона ще жива, звичайно. Я якось так собі це і уявив: «Ти – Катя? Ой, це не твоя крейда? Я у школі знайшов. Давай, допоможу». Смішно, правда?

CHALK

Valerii, Kyiv

One day in the Kyiv region, we dropped by a school that served as a base for the Russians. We found a lot of stuff including their documents and abandoned belongings. They had written all kinds of crap on the blackboards.

And then we went down to the semi-basement, where there were some technical facilities. That's where they had kept abducted hostages. Maybe they interrogated them down there too. I sense the spirit of these places. It's impossible to stay there, as if there's a hand that's pushing you out.

And then, on a wall of one of those rooms I saw written in chalk, "Help. Katia." Just that. And there was a piece of chalk in the corner. It might have been the same piece used to write those words.

I took the chalk with me. As if that piece could help me find Katia. If she is still alive, of course. I kept picturing it like that in my head, "Are you Katia? Oh, is this your piece of chalk? I found it at a school. Let me help you." Funny, isn't it?

КРОВ

Марія, Чернігів

Я лежала, ніби на хмаринці, в голові шуміло, тіло стало легким-легким. І тоді я відчула запах власної крові. Це було дивно. Думаю, це мене й врятувало, цей подив чи страх. Може, кров пахне, як газ: пахне, щоб налякати? І я ніби прокинулася, почала рухатися, подала знак, що жива. Хлопці-волонтери, що мене рятували, потім сказали: ще секунд десять, і я могла б померти від втрати крові.

Я тепер часто бачу кров. Не боюся її, просто бачу. Невже її й раніше стільки було довкола? Навіть коли дивлюся на карту – туди, де намальовані наші окуповані території. Їх таким червоним позначають, рожевим. Здається, ніби карта кров'ю підтікає з країв.

BLOOD

Mariia, Chernihiv

I felt like I was on a cloud—there was a buzzing in my head and my body became so light, light . . . And then the scent of blood reached me. It's crazy. I think that's what saved me: the surprise or the fear. Maybe blood is like gas—it smells in order to alarm you? And it seems that's when I woke up. I started moving. I signaled that I was alive. The volunteer guys who saved me said later that if another ten seconds had passed, I could have died of blood loss.

I see a lot of blood these days. I am not afraid of it; I just see it. Had there always been so much blood before? Even when I look at the map of our occupied territories, they've been marked in red and pink. It seems as if the map is bleeding from its edges.

КУЛЯ

Микола, Хмельницький

Не знаю, чи взяв я гріх на душу. Просто цілюсь і стріляю, але при цьому заплющую очі. Чи вбила когось моя куля, чи ні, можна тільки здогадуватися.

BULLET

Mykola, Khmelnytskyi

I don't know if I've taken any sins upon my soul. I just aim and fire—but as I pull the trigger, I close my eyes. Whether my bullet has killed someone or not is anyone's guess.

Л

ЛАМПА

Катерина, Вишгород

Того дня я перекрила воду і вимкнула прилади з розеток. Лише одна лампа не слухалася. Така затишна, у формі соляної кулі. Вочевидь, лишився заряд.

Вона вмикається-вимикається дотиком. Та сьогодні не хоче згасати: тільки змінює колір світла. Пробую різні дотики, говорю з нею.

«Ну гаразд, люба. Світи. Чекай на нас.»

Торкаюся ще кілька разів. Намагаюся відчути, який колір пасуватиме домівці, яку залишають через війну. Холодний блакитний, м'який бузковий чи гарячий червоний?

Лишаю теплий жовтий. Це колір, яким світилося вікно в кухні мого дитинства.

LAMP

Kateryna, Vyshhorod

That day, I shut off the water and unplugged all the appliances. Only one lamp would not turn off. A glowing orb—one of those salt rock lamps. Apparently, there was still some current left in it.

It turns on and off by touch. But that day, it did not want to go out. It only changed colors. I tried touching it everywhere. I spoke with it.

Well alright, dear. Stay on. Wait for us.

I tapped it a couple more times, trying to find a color that would fit a house being abandoned because of war. Cold blue, soft lilac, hot red?

I left it on warm yellow. The color that glowed in the window of my childhood kitchen.

ЛИСТИ

Ніна, Конотоп

Взагалі, я часто думаю про пам'ять. Ми самі не знаємо, на що наш мозок здатний.

У мене чоловік був геологом, їздив по всьому Союзу, часто місяцями сидів десь за полярним колом і писав мені звідти листи. Тоді були такі поштові картки, він слав їх замість листівок. Сорок три такі назбиралося. І ось я коли сумку складала в укриття, поклала їх всі туди. Хтось книжки брав, а я ті листи. Думаю, буду читати собі. Але читати там не виходило, світло погане, то я просто брала їх в руки і пригадувала текст. Я їх давно вже не перечитувала, а десь у пам'яті воно живе.

А потім, коли текст закінчився, почала собі в голові писати відповіді. Бо я йому нечасто відписувала, соромно сказати. І скупо так. А тепер довгі відповіді писала, красиві. Але про війну нічого не казала, і про бомбосховище. Навіщо воно йому там? Сказала лише, що зима сильно затягнулася.

LETTERS

Nina, Konotop

Memory is something I think about often. We ourselves don't know what our minds are capable of.

My husband was a geologist, and he traveled all over the Soviet Union. Often he was stationed for several months somewhere beyond the Arctic Circle, and he'd write to me. Back then there were postcards of a special kind, and he would send me those instead of the typical ones. I collected forty-three in total. And so, when packing for the bomb shelter, I put them all in my bag. Some people took books, and I took those letters. I'll be reading those in there, I thought. But I couldn't, really. It was dark. The light was bad. So I just took each one in my hands and recalled the text. I hadn't read them in ages, but they live somewhere in my memory.

And then, when the text ended, I composed a response in my mind. I didn't write back to him very often, I'm ashamed to say. And when I did, I was quite brief. So now I've started coming up with some long and eloquent replies. But I haven't told him about the war or the bomb shelter. What good would that do? I only mentioned that winter's been very long this year.

ЛЮБОВ

Беата, Дорохуск, Польща

Я працюю в школі. Заміжня, але всередині така була порожнеча. Коли росія на вас напала, взяла вихідні і поїхала на кордон. Роблю людям чай, какао, годую супом. У перший день познайомилася з Любов'ю. До речі, як це прекрасно, що у вашій мові є таке ім'я, в польській нема імені Мілосьць. Так от, приїхала Любов, вийшла сама з маршрутки і почала плакати. Я підійшла і просто її міцно обійняла. Ми так стояли хвилин десять. Плакали вдвох мовчки. Потім я зібрала для неї пакунок з їжею, і вона поїхала далі.

LOVE

Beata, Dorohusk, Poland

I work at a school. I'm married, but there was this emptiness inside. When you were attacked by Russia, I took work off and went to the border. I made tea, cocoa, and soup for the people there. On the first day, I met a woman named Liubov. By the way, it's so beautiful that your language has this name which means *love*. In Polish we don't use our word for love, *miłość,* as a name. Anyhow, Liubov arrived, stepped off the minibus, and began to cry. I just walked up to her and hugged her tightly. We stood like that for ten minutes. Both crying silently. Then I packed a parcel of food for her, and she went on her way.

M

МАДЛЕНКА

Богдана, Київ–Львів

Із гуманітаркою приїхали мадленки, на них так і написано: «Madeleine». Запаковані акуратно в окремі пакетики, аби кожному була своя, особиста мадленка. Ми їх даємо дітям, і для мене це символічний акт. Кожен несе у майбутнє шматочок свого Комбре – так вибудовується тяглість спільної пам'яті. Так ми бережемо внутрішні міста, а їх жодному окупанту не зруйнувати.

MADELEINE

Bohdana, Kyiv-Lviv

Little French cookies came with the humanitarian aid we received. They were labeled: "Madeleine." Each was neatly wrapped in a separate packet so that everyone could have their own, personal Madeleine. We gave them to the children, and, for me, this was also a symbolic act. Every child will carry a crumb of their own Combray into the future, and this is how we will build collective memory for posterity. This is how we preserve the heritage of our city centers, which no invader can destroy.

МАНГАЛ

Віолетта, Маріуполь

Коли місто залишилося без опалення, світла, води та газопостачання, люди стали виходити під під'їзди, щоб на вулиці готувати собі їжу. Хтось на цеглинах прилаштував решітку від вентилятора і таким чином зробив собі мангал.

У нас був справжній мангал, увечері я гріла на ньому чайник, з нього йшла біла пара, а навпроти горіли вікна у багатоповерхівках.

GRILL

Violetta, Mariupol

When the city was left without heating, electricity, water, and gas, people started coming out from their homes to cook their food outdoors. Someone laid the grill from the front of an electric fan on some bricks and made a cooking grill out of it.

We had a proper grill. In the evening, I heated a tea kettle on it—white steam rose up, and in the distance, the windows of a residential block were burning.

МІСТО

Марія, Львів

Місто – це місце евакуації. Зустрічаю тут твоїх колишніх жінок. За два дні зустріла двох. Причому з другою познайомилася. Дуже дивні відчуття. Шукаю їм житло.

– І що? Вони подібні до тебе?

– Вони обидві відростили волосся.

CITY

Mariia, Lviv

This city—it's the place of evacuation. I keep running into your exes here. I've met two in two days. What's more, I've become acquainted with the second one. Such weird feelings. Now, I'm helping them find housing.

—So do they look like you?

—Both of them have grown long hair.

МОЛИТВА

Галина, Мелітополь

Коли ми виїжджали з окупації, біля мене сиділа жінка-мусульманка з дитиною. Їхали вночі, в повній темряві, за вікнами – жодного вогника, і від цього було ще страшніше. Ми знали, що треба буде проїхати кілька чужих блокпостів, і на кожному з них може статися що завгодно. Хтось сказав: добре, що темно, бо там на полях і на узбіччях дороги – всяке. Снитися буде. Хоча мені вже й не сниться нічого.

Ми їхали, я просто боялася, а та жінка весь час молилася. І я попросила: «Можна, я з вами, бо я не знаю ніякої молитви?» І вона навчила мене: «Ауду білляхі мінаш шайтанір раджім».

Це молитва від нечистого.

Я тепер часто її повторюю. Мені досить цієї одної. Бо я й так у Бога нічого не просила б, крім одного: захистити мене від біса.

PRAYER

Halyna, Melitopol

When we were driving out of the occupied city, a Muslim woman sat near me with her child. We were driving at night, in total darkness, not a single light in the windows, and that made it even more scary. We knew we'd have to pass a couple of enemy checkpoints, and anything could happen at any of them. Someone said that the darkness was for the best, because all kinds of things were going on in the fields and on roadsides. Things that would haunt our dreams. Though by that time, I no longer dreamt when I slept.

As we drove, I was simply scared. But the woman prayed constantly. So I asked her, "Can I join you? I don't know any prayers." And she taught me: *A'udhu billahi min ash-shaytaan-ir-rajeem.*

This prayer seeks refuge from Satan.

To this day I repeat it often. It's enough for me to know this one. Because I would only ever ask God for one thing: protection from the devil.

H

НЕБО

Валерія, Сумщина – Варшава

І ще. У нас кажуть «під відкритим небом», а тут, у Польщі: «під голим небом». Мені здається, тепер, коли на Україну летять ракети, це більше до нашого неба пасує. Воно таке голе, як тіло. Беззахисне. Його хочеться вкрити.

Тепер, коли чую про «відкрите небо», думаю про будинок моїх батьків в Охтирці, де завалилося перекриття. Там різні речі вціліли: диван, якісь дрібнички. А стелі немає. Небо відкрите, і ти лежиш під ним – відкрита.

SKY

Valeriia, Sumy region – Warsaw

What else . . . we say “under the open sky,” and here, in Poland, they say “under the naked sky.” I think, nowadays when missiles fly at Ukraine, the Polish way fits our sky more. Our sky is naked, like a body. Exposed. You want to cover it.

Now, whenever I hear our “open sky,” I think about my parents’ house in Okhtyrka, where the ceiling collapsed. Different things survived there: a sofa, some knickknacks. But the ceiling is gone. The sky is open and you lie under it, exposed.

НОВИНИ

Віктор, Львів

Я виростав біля аеропорту. Зараз аеродроми, аеропорти – одні з найнебезпечніших місць, і добре, що я вже не там. Але тоді це було романтично і трошки тривожно. Чому тривожно? Через постійне далеке гудіння, особливо ночами. Про це казали всі, хто у нас зупинявся. Ніби все як в усіх, звичайний дім, але цей гул…Він вимотував. Цей гул був як тінь – куди не піди, він за тобою.

Зараз так із новинами. Часом забуваєшся, починаєш радіти речам, до яких звик: сонце, смачний сніданок, дитина лепече, таке різне… І тут цей гул. Ці новини з війни, якої в нашому місті не видно, але чути. Боїшся з кимось ділитися особистою радістю, бо, може, пропустив якусь сьогоднішню страшну новину.

Розумієш, що ніщо не є таким, як раніше – ні сніданок, ні прогулянка з собакою. Що це лише поверхня, оболонка. А що всередині? А що було всередині колись, до війни?

NEWS

Viktor, Lviv

I grew up near an airport. These days, airfields and airports are some of the most dangerous places to be near, so it's good I'm no longer there. But back then, it was romantic and a little unsettling. Why unsettling? Because of the constant, distant hum—especially at night. Anyone who ever stayed with us said so. Everything else in our lives was pretty common. We had an ordinary house. But that hum . . . it was exhausting. Like a shadow—wherever you went, it followed you.

Now the news is like that. Sometimes you let yourself forget, you start enjoying something you've become accustomed to: the sun, a delicious breakfast, your child's babbling, stuff like that and . . . here comes the hum. This is the news from the war, which we can't see from our city but we can still hear. You are afraid to share your personal joys with people, in case you missed some terrifying news from the day.

And you realize that nothing is like it was before—not breakfast or your walks with your dog. That is just a façade, a shell. And what's inside? And what was there before? Before the war?

НОГА

Віктор, Суми–Львів

У нас кажуть: «Однією ногою тут, другою там». Ось це про мене.

Коли мене перевезли сюди після поранення, лікарі сказали: ми твою ногу врятували. Ну, і ось вона, є. Врятували. Але ходити я нею нормально вже ніколи не зможу. І болить вона, наразі нічого не допомагає. Осколок у кістці.

Я цією ногою ніби завжди буду у війні. Може, краще одразу б відрізали. (Сміється).

FOOT

Viktor, Sumy – Lviv

We have a saying, "one foot here, the other there." Now I can relate.

When they moved me here after being wounded, the doctors told me, "We saved your leg." And here it is, indeed. They saved it. It's just that I will never be able to walk normally. And it hurts. Nothing helps right now. There's shrapnel in the bone.

It's like I'll always have one foot in the war. Maybe it'd been better if they chopped it off in the first place. [Laughs]

НОМЕРИ

Сашко, Київ

Всі бачили фото кладовища розстріляних автомобілів у Бучі. А я бачив щось інше: кладовище людей-автомобілів. Як це? А так.

Коли діставали тіла зі знищених рашистами машин, дуже часто неможливо було встановити, хто це. Документів не було або вони згоріли. І тому, поховавши їх, замість табличок з іменами чіпляли номери їхніх автомобілів, щоб бодай так можна було їх ідентифікувати.

Люди-номери. Люди-автомобілі.

LICENSE PLATE

Sashko, Kyiv

Everyone's seen the photos of Bucha's cemetery of war-torn cars. But I've seen something else. A cemetery of license plates. What do I mean?

When the bodies were removed from the cars destroyed by the rashists, very often it was impossible to establish who it was. No IDs or they had burned . . . so, after burying them, instead of gravemarkers with their names, they hung the license plates from their cars, so that they could be identified this way at least.

People identified only by their car numbers. A license plate cemetery.

ПЕЧЕРА

Роман, Чернігів

Я все життя займався спелеологією. Тільки-но випадали якісь вихідні, я збирав спорядження і їхав кудись на печери.
У нас н

а районі є велике бомбосховище під школою, у перші дні там ще не було світла. І ось я заходжу туди з налобним ліхтариком, усередині тихо, здається, що нікого нема. І раптом бачу: всюди попід стінами люди, діти. Повертаю в наступний коридор – те саме. Люди – ніби якісь сталагміти і сталактити. Ніби вони тут уже тисячі років. Таке щось війна робить із часом.

CAVES

Roman, Chernihiv

All my life I've studied and explored caves. As soon as the weekend came, I packed my equipment and went caving.

In our district there's a large bomb shelter under a school, and during the first few days, we didn't have light there. So I went down wearing a headlamp. It was quiet inside; it seemed like there was no one there. And then I saw adults and children huddled against the walls. I turned down the passageway—same there. Bunches of people formed like stalagmites and stalactites as though they had been there for thousands of years. This is what war does over time.

ПОГРІБ

Наталя, Київщина

Окупанти вигнали нас із нашої хати жити у погріб. Сидимо серед картоплі, онук із пластикової тарілки руками гречку визбирує. Проситься надвір, бо ж весна, дитина гратися хоче. І тут раптом питає:

– Бабусю, а як буде по-їхньому «не вбивай мене»?

CELLAR

Natalia, Kyiv region

The occupiers had kicked us out of our house, so we lived down in the cellar. We would sit among the potatoes while my grandson collected groats on a plastic plate. He kept asking to go outside—it was spring; the kid wanted to play. And out of the blue, he asked:

—Grandma, how do you say "Don't kill me" in their language?

ПРАГА

дівчина-підліток, у якої не спитав імені, Харків

Я така, що завжди все відкладаю. Навіть у дитинстві смачності всякі відкладала, щоб потім у красивій атмосфері їх з'їсти, ну там, при свічках чи під фільм якийсь класний. І часто не було часу, воно лежало-лежало, і ти потім береш просто, їси, а воно ще й несмачне стало. А ще я завжди в Прагу хотіла, у нас там родичі. І ніяк не було часу поїхати. А тепер їду нарешті, а радості ніякої.

PRAGUE

a teenage girl, I didn't ask her name; Kharkiv

I'm the kind of person who always puts everything off. Even as a kid I put off eating treats, so I could enjoy them later in a nice setting, with candles, or watching a cool movie. Often I just didn't have time, so they sat there. And when I finally got to them, they had lost their appeal. And that's what happened with Prague—I always wanted to go, we have relatives there, but I haven't had the time. And now, finally, I am going, but it's not a happy occasion.

ПРОЩАННЯ

Оксана, Львів

Люди, які залишають місце, де ми їх поселили, прощаються з нами й обіймають, їдуть далі. Ми майже не знаємо одне одного, ми лише іменами обмінялися й кількома поглядами. Вони обіймають мене так довго і так міцно, що мені здається – ми найближчі одне одному люди.

FAREWELL

Oksana, Lviv

The people we hosted are leaving. They say goodbye to us, hug us, and drive on. We barely know each other—we just exchanged names and a couple of looks. But they hug me for so long and so tightly that I think we must be the dearest people to each other.

P

РАДІО

Самет, Баку–Київ

Ні, я розумію українську, просто оглух вчасно. Син так каже. Жартун він.

Знаєш, є такий вік, коли здається, що вже нічого не буде вперше. А в мене зараз стільки всього вперше. Ось, наприклад, Польщу побачу. Хоч і не почую. Бо колись усе було навпаки: чув, але не бачив. Як це? А дуже просто: польське радіо. Рок, джаз. У нас того не було. Тільки ж у нас глушили те радіо трохи, і часом бували сильні перешкоди. Тому я вмію музику уявляти, коли треба. Добре, коли можеш собі уявити те, чого бракує, і воно ніби з'являється, і все, ти щасливий.

Що уявити, кажи? Знаю, що.

RADIO

Samet, Baku – Kyiv

No, I understand Ukrainian. I'm just selectively deaf. My son says that. Such a joker.

You know, you come to a point in life when you think nothing else is going to happen to you for the first time. But now I am having so many "firsts." Take, for example, that I get to see Poland. Won't hear it, though. Things were once the other way around: I could hear it, but I couldn't see it. How so, you ask? Very simple: Polish radio. Rock, jazz. We didn't have that, but we could occasionally tune in, even though there was a lot of static. That's why I can imagine music when I need it. It is a good thing, to be able to imagine whatever you're missing and it seems to appear—that's it, now I'm happy.

What do you want me to imagine, tell me? Well, I know what.

РАДІСТЬ

Маша, Костянтинівка–Івано-Франківськ

Мене тут часто питають: звідки в мені стільки радості? Чого я тішуся? Часом із докором питають. І справді, у мене ж нічого і нікого не лишилося, тільки Сашка малий.

А я одного разу зрозуміла, це як одкровення якесь було: якщо вже вони все у мене забрали, то не мають права красти мої дні. І я перестала думати, як інші: ось, ще трохи перетерпіти, і переможемо, а далі знов буде життя. Ні. Життя тут, і іншого не буде. І перемога не буде такою, як ото прокидання після поганого сну: фух, я вдома, все добре. Так уже не буде ніколи, бо нічого нам не наснилося. Немає більше «вдома».

І я вирішила собі: буду все робити для перемоги, але не віддам їм жодного дня. Жодного дня не буду лежати на землі і страждати. Буду радіти їм на зло. Так, така радість зі злості, так.

JOY

Masha, Kostiantynivka – Ivano-Frankivsk

Here I am often asked: where does my joy come from? What am I happy for? Sometimes these questions come with a grain of reproach. And with good reason, because in all reality I have nothing and no one left. Just my little Sashka.

But when I realized it, it was like a revelation: they've already taken everything from me, why should I also let them steal my days? They have no right. And I stopped thinking like everyone else, "Just a little more patience, and we will win, and life will start again." No. This is life. It's here, and we are not going to have another one. And victory won't be like waking up after a bad dream, "Phew, I am home, everything is alright." It's never going to be like that ever again, because this is not a dream. There is no "home" to wake up in anymore.

And so I made this resolution: I will do everything I can for victory, but I will not give them a single day. There won't be one day of me wallowing on the ground and suffering. I will rejoice just to spite them. Yes, it's joy from anger, yes.

РИБА

Галина, Маріуполь

Я ніколи не брала чужого. Аж тут проходить повз чоловік у камуфляжі, каже:

– Галино Іванівно, там магазин відкрили. Візьміть собі щось.

Я й не одразу свого студента впізнала.

Заходжу, а там лише гора зіпсованої курятини на прилавку. Люди беруть, будуть вимочувати і якось готувати. А я не можу: від запаху зле стає. Зазираю у морозильник: порожньо. Про всяк випадок перевіряю, чи нема подвійного дна. Аж там – риба! І то не проста, а якась елітна, морська, десь метр завдовжки. І вся у кризі. Беруся ту рибу виколупувати, руки терпнуть від холоду. Несу перед собою як велике поліно. Увесь час бахкає, обстріли не вщухають.

У квартирі – холодно, електрики давно немає. Ми і хукали на ту рибу, а вона ніяк не розморозиться. Винесли надвір до багаття, де їжу готуємо. Тримали над вогнем – так хвіст спалили. Але риба важко піддавалася, тож кілька днів ми її готували. Так і вижили.

FISH

Halyna, Mariupol

I'd never taken anything that wasn't mine. And here this man in camouflage passes me and says:

"Halyna Ivanivna, they've just opened the grocery store. Go, get yourself something."

I did not immediately recognize my student.

I stop by and all that's left is a heap of spoiled chicken on the counter. And people take it—they soak it in water and cook it somehow. But I cannot; the smell makes me sick. I look into the freezer, and it's empty. Just in case, I check if there's a lower compartment. There is, and—a fish! And not just any fish, but an elite one, from the sea, a good meter in length. I dig it out of the freezer, and my hands go numb from the cold. I carry it home in front of me like some huge log. There's sounds of explosions everywhere; the shelling goes on and on.

It's cold in my apartment—the electricity is long gone. We try breathing on the fish, but it won't thaw. We bring it outside to the fire where we cook our food. We hold it over the flame for a while, and its tail burns.

The fish didn't give in easily, so we cooked it over several days. And that's how we survived.

C

СВОБОДА

Вадим, Конотоп

Свобода – це така штука, якої ніхто тобі не здобуде. Ніхто тобі не дасть свободи, не подарує, і ні від кого її чекати не можна. Тільки сам собі її можеш зробити. Так, хендмейд. (Сміється). Немає фабрик свободи. Несерійний продукт.

FREEDOM

Vadym, Konotop

Freedom is such a thing: nobody is going to obtain it for you. No one will give you freedom—it won't be wrapped like a present, and you shouldn't expect it either. You can only make it yourself. Yes, handmade [laughing]. There are no freedom factories. It's not mass-produced.

СКЛАД

Катерина, Вишгород

Двадцять четвертого лютого я полила квіти й поїхала. Уже більше місяця вони без води. Коли росіяни відступили від мого міста, мама хотіла подбати про квіти. Готова була провести три години в дорозі.

Люди чекали на електричку, а на сусідній колії стояв товарний потяг. Звідти щось вивантажували до приміщення складу-ангару. Я добре знаю цей склад: у дитинстві ми здавали туди макулатуру й міняли на книжки.

Раптом мамі запаморочилося в голові, ноги не слухалися, вона ледве повернулася додому. Весь залишок дня її нудило й рвало.

Склад, де колись були книжки, став складом людських тіл.

WAREHOUSE

Kateryna, Vyshhorod

On February 24th, I watered my flowers and left. They were without water for over a month. When the Russians retreated from my city, my mother wanted to take care of the flowers. She was ready to spend three hours on the road.

People were waiting for an electric train, and on the next track sat a freight train. They were unloading something from it to a nearby storage hanger. That warehouse was well-known to me: when we were kids, we'd go there to trade in recyclable paper for books.

All of a sudden, my mother felt dizzy, her feet became unsteady, she barely made it back home. For the rest of the day, she was nauseous and vomiting.

The warehouse that once held books had become a warehouse for human bodies.

СМІТТЯ

Катерина, Вишгород

24 лютого. Під вікнами щойно пролітали російські гелікоптери, падали снаряди. Мушу їхати звідси. Мушу винести сміття.

Взяла пакет з органікою. Чи брати пакети з пластиком, склом, упаковками? Чи не змішають усе в хаосі війни? Дбайливо вимиті баночки з-під йогуртів, пляшки, дитячі розмальовки...

Чи не стане сміттям мій будинок, моє місто, якщо я покину їх?

Чи маю я право про це думати?

TRASH

Kateryna, Vyshhorod

February 24th. Russian helicopters were passing our windows. Missiles were hitting the ground. I have to leave. I have to take out the trash.

I took out the bag with organic waste. Should I also take the ones with the plastics, the glass, the packaging? Will it all end up mixed back together in the chaos of war? The carefully washed yogurt cups, bottles, and children's coloring pages . . .

Will my house, my city, become trash if I abandon them? Do I even have the right to think about this?

СНИ

Марина, Харків

Я колись любила ставити собі будильник на трошки раніший час, ніж треба. Прокидаєшся і бачиш, що ще півгодини можеш поспати – такий кайф. А тепер узагалі не можу спати. Страшно не заснути, а прокинутися. Страшно, що розбудять обстріли. Я тепер ненавиджу сни, бо після них усе повертається. Особливо, коли снився дім. Таке відчуття задушливе. Якщо вже засинаю, то стараюся спати так коротко, щоб нічого не встигло наснитися. Колись я мріяла навчитися танцювати, потім – машину водити. Так і не встигла ні того, ні іншого. А тепер доведеться вчитися спати. (Сміється).

DREAMS

Maryna, Kharkiv

I used to like setting my alarm for a little bit earlier than I needed. Waking up to see that you can still sleep for another half hour feels great. But now I can't sleep at all. It's not falling asleep that's the scary thing but waking up. It's terrifying to be woken up by shelling. I hate dreams now, because they just bring it all back. Especially when I dream about home. I have this suffocating feeling afterwards. If I do fall asleep, I try to keep it as short as possible, so I don't have a chance to dream. I used to want to study dancing, then to learn to drive a car. But I didn't have time for either. And now I must learn to sleep. [Laughs]

СОЛОДКЕ

Богдана, Київ–Львів

Сьогодні приїхав Сєвєродонецьк. Безліч родин, величезний, буквально напханий до стелі потяг. Багато хто з біженців одразу казав: «Ми з Сєвєродонецька, вибачте, можна чаю?»

Але вразило не це. Вразило те, як сильно їм хочеться солодкого. Вони клали по три столові ложки цукру у невеликий стаканчик чаю. Питали про печиво. Просили один кексик. Майже кожен.

Ми їмо солодке, коли нам страшно. Ми не знаємо, коли наступного разу буде їжа, тож потрібні калорії. Ми їмо солодке, бо хочемо повернутися у безпечний час дитинства, коли над головою не літали ракети.

У нас вистачить тут цукру на весь Сєвєродонецьк, на Маріуполь і на Херсон. Тільки приїжджайте, будь ласка.

SWEETS

Bohdana, Kyiv – Lviv

A train from Sievierodonetsk came today. Dozens of families, all loaded up, everything crammed to the ceiling. Many of the refugees immediately asked, "Excuse us—we are from Sievierodonetsk—could we have some tea?"

But something else struck me: it was how badly they wanted something sweet. They put three tablespoons of sugar in a small cup of tea. They asked for cookies, for a cupcake. Almost everyone asked for something like this.

We eat sweets when we are scared. We don't know when we are going to eat next, so we need some calories. We eat sweets because we want to return to the safety of our childhood without missiles flying over our heads.

We have enough sugar here for all of Sievierodonetsk, Mariupol, and Kherson. Just come here, please.

СОНЦЕ

Ніна, Конотоп

Коли почалася війна, думала, буду багато плакати. Бо я взагалі плакса. А тут – як заткало. Жодної сльозини за всі дні. Плакала лише раз. Коли довго сиділи в укритті, а потім я вийшла, а надворі сонце таке. І я – в плач. Іду до квартири і не можу зрозуміти, чи справді плачу, чи просто сльози котяться.

SUN

Nina, Konotop

When the war started, I thought I would cry a lot, because, generally, I cry easily. But now I'm all plugged up. In all this time, not one tear. I only cried once. It was when I left the shelter after sitting down there for a long time. Stepping into the bright sunlight, I burst into tears. I walked home like that, and I wasn't sure whether it was a real cry or just tears falling.

СПІВ

пані Ольга, Запоріжжя

Так гарно, що ми у музичній школі живемо. Бо я співати люблю. Навіть коли бомбування перечікували в підвалі, я співала. Спочатку вголос, то сусіди підтягували, і якось добре було. А потім втомлювалися, і я сама собі співала. Мовчки, про себе. Всі-всі слова всіх пісень пригадала. Коли пригадуєш, то спати не хочеться. Бо страшно заснути.

SINGING

Mrs. Olha, Zaporizhzhia

It's nice to be living in a music school—I love singing. Even while waiting out the bombardments in the basement, I would sing. At first I sang aloud and those near me joined in—and it was good somehow. Then I grew tired and sang to myself. Silently, in my mind. I remembered all the lyrics to all the songs. Running through your memory helps you put off sleep. It's scary to fall asleep.

СТАТТЯ

Юля, Коцюбинське, Київська область

Я працювала smm-ницею в ритейл-мережі, писала переважно комерційні тексти. Але після 24 лютого почала спеціалізуватися на «статтях».

Стаття – це коли мені дзвонять і кажуть, що колеги Сергія більше немає з нами, і хтось має сказати про нього кілька теплих слів. Стаття – це текст, задля якого треба поговорити по телефону з донькою загиблої колеги Ірини і не втратити дар мовлення. Стаття – це залита сльозами клавіатура лептопа і декілька абзаців про двадцятирічного колегу Дмитра, закатованого в Бучі. Стаття – це некролог. Але ми не можемо вимовити слово «некролог». Тому кажемо «стаття».

Тепер, коли мені телефонує хтось і каже, що «треба написати…», я із завмиранням серця чекаю наступного слова. Якщо це «пост», тоді ніхто не помер. Якщо «стаття», я по крихтах збираю себе докупи і починаю шукати слова, яких вже давно бракує.

Після написання статті я ні жива, ні мертва більше доби. В моєму портфоліо вже сім статей.

ARTICLE

Iulia, Kotsiubynske, Kyiv region

When I worked as a social media manager for a retail chain, I mostly wrote commercial content. But after February 24th, my new area of focus became "articles."

What's an "article"? It's when they call me and say, "Our colleague Serhiy is no longer with us. Someone should say a few kind words about him." An "article" is a piece of writing which requires you to speak over the phone with the daughter of Iryna, your deceased colleague, and try not to lose your speech. You know it's an "article" when your laptop's keyboard is drowned in tears after composing a couple of paragraphs about Dmytro, your 20-year-old colleague tortured to death in Bucha. An "article" is an obituary. But we can't bring ourselves to say "obituary," so we call it an "article."

Now whenever someone calls me and says, "I need you to write . . . " I wait with a sinking heart for the next word. If it's "post," then no one died. If it's "article," then I gather myself piece by piece and search for the words that have long since failed me.

After writing an "article," I feel more dead than alive for over a day. I already have seven "articles" in my portfolio.

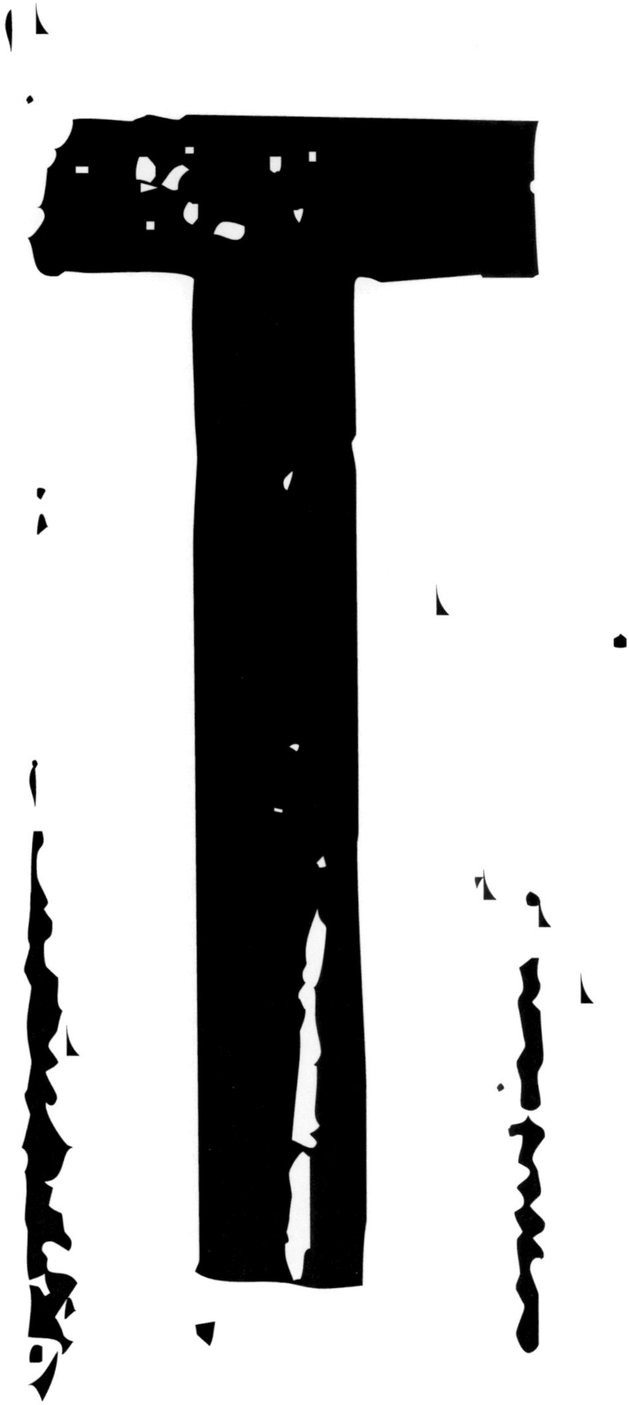

ТАБЛИЧКА

Олена, Буча

Аліна. Ми з нею були сусідами, аж поки за два місяці перед війною вона не купила квартиру в Гостомелі. Дуже раділа, що перед будинком є ціла сотка газону.

«Ось зроблю ремонт, потепліє, і приходьте всі на шашлики,» – казала вона.

Тепер каже: «Не знаю, чи щось лишилося від мого дому, чи сама табличка з написом: нам належить ця сотка землі».

SIGN

Olena, Bucha

Alina. We were neighbors until she bought an apartment in Hostomel—it was two months before the war. She was especially excited about the large lawn in front of her building—nearly a quarter acre.

"I'll work on the renovations, and when it gets warmer, you should come over for a barbecue," she would say.

And now she says, "I don't know if there's anything left of my home, or if it's just the sign that reads: *These 100 square meters of land are ours.*"

ТАБУ

Сашко, Київ

Я колись так легко казав «бомбезно», коли щось дуже подобалося. «Бомба-ракета», коли щось було дуже крутим. «Бомбить», коли щось дуже сильно бісило. Коли я щось пропустив, прослухав, казав: «я в танку».

Тепер не зможу. Слова-табу.

TABOO

Sashko, Kyiv

I used to say things like, "I had a blast" when I really enjoyed something. I never thought twice about it! I called anything really cool, "the bomb." Or if I did terribly at something, "I bombed." Whenever I'd miss or mishear something, I'd apologize saying, "It's like I'm in a tank."

But now, I can't say any of that. Those words are taboo.

ТАНК

Олена, Буча

Того дня ми тричі бачили танк.

Вперше – коли вийшли на відкриту місцину колишньої СТО і броньована машинерія з літерою V несподівано виїхала з провулку просто у нас за спинами. Я з малим сином і подруга з двома доньками дванадцяти і п'яти років рвонули так, як не бігали ніколи в житті. Хоча й розуміли: якщо він захоче вистрелити, нас не врятує жоден паркан. Не вистрелив. Ледь перевели подих, побігли далі. На Енергетиків, що перед мерією, зібралося десь від двох до чотирьох тисяч люду, переважно жінки з дітьми і літні люди. Перпендикулярною вулицею знову проїхали танк і машина зв'язку. Завернули в сусідній двір аптеки.

Втретє російський танк дефілював повільно, як на параді, а довкола башти сиділи «асвабадітєлі» з автоматами. Жінка східної зовнішності – можливо, бурятка – і кілька чоловіків. Дула дивилися в натовп. Нас тіпало від люті і безсилля. Раптом син почав смикати мене за одяг – мовляв, підійми, я хочу подивитися, це ж танчик!

– Нічого тобі там дивитися, там трупи поїхали! – сердито і голосно сказала я.

Чоловік із військовою виправкою в цивільному, що ходив уздовж натовпу, пильно на мене глянув: мовляв, я тебе запам'ятав. Я відповіла таким самим поглядом – і він зрозумів, що я радо станцюю на їхніх могилах. Я терпляча. Я дочекаюся.

TANK

Olena, Bucha

That day, we saw a tank three times.

The first time was when we walked into the lot of a former car service station, and, suddenly, an armored vehicle with the letter "V" drove out from an alley just behind us. My little son and I, along with my friend and her two daughters, ages twelve and five, turned and ran as never in our lives before. Even though we knew that if they wanted to shoot, no nearby fence would save us. They didn't shoot. We barely caught our breath and ran on. People were gathering on Enerhetykiv Street, next to City Hall. There were some two to four thousand people—mostly women with children and elderly people. The second tank and a communications vehicle went down the cross street. They turned into the next courtyard where there was a drugstore.

The third Russian tank proceeded slowly, as if in a parade, and the "liberators" sat around its turret armed with machine guns. There was a woman of Asian appearance, possibly Buryat, and several men. All of their barrels were aimed at the crowd. Helpless, we shook with rage. Suddenly, my son pulled at my clothes: "Pick me up! I want to see the tank!"

"There's nothing to see. It's carrying corpses!" I said loudly and angrily.

A man with a military bearing but wearing civilian attire, who was walking through the crowd, gave me a close *I'll-remember-you* kind of look. I responded with the same look, and he understood that I would gladly dance on their graves. I'm a patient woman. I will wait.

ТВАРИНИ

Оксана, Львів

Жінка з трьома дітьми і тридцятьма гривнями на рахунку. І з котом.

Жінка з двома дітьми і двома котами.

Жінка з сином і псом із притулку («Його вже один раз покинули, я не могла кинути його ще раз»).

ANIMALS

Oksana, Lviv

A woman with three children and less than a dollar in her bank account. And a cat.

A woman with two children and two cats.

A woman with a son and a dog from a shelter ("He'd been abandoned once before. I couldn't do that to him again.").

ТЕТРІС

Анна, Київ

Темний-темний потяг, повний світлих надій. Тільки десятки тьмяних екранів – усі читають новини. Зрідка пошепки перемовляються, вкладають дітей, гладять чужих котів.

Усі свої.

У дитинстві ми грали в тетріс, щоб тепер могти розмістити дев'ятьох людей і трьох тварин в одному купе.

TETRIS

Anna, Kyiv

A dark, dark train, full of bright hopes. Only the light of dozens of dimmed screens—everyone is reading the news. From time to time they speak in whispers, tuck their children to sleep, pet some stranger's cat.

Everyone's in this together.

Turns out, playing Tetris as kids was just practice for being able to fit nine people and three pets in a sleeper cabin designed for four.

ТИША

Уляна, Львів

Театр ляльок став для переселенців прихистком. Ми поклали матраци на сценах, у залах, у фойє. В перші дні було багато людей з дітьми і тваринами. Дві доби вони мовчки лежали на матрацах. Я ніколи не бачила такої кількості мовчазних дітей і тварин в одному приміщенні.

Потім почали пожвавлюватися.

Але ту тишу я не забуду. Вона була страшною.

SILENCE

Uliana, Lviv

The puppet theater became a shelter for the displaced. We put mattresses on the stages, in the halls and lobby. In the first days, there were a lot of people with children and pets. For two days straight, they lay silently on the mattresses. I have never seen so many silent children and animals in one place.

Then they began to liven up.

But I will never forget that silence. It was awful.

ТІЛО

Софія, Львів

Людина ж найбільше думає про своє тіло, коли воно болить, правда? Найкраще його відчуває. Я ніколи не думала, що буду відчувати свою країну, як тіло. Йду до магазину, підходжу до дверей, натискаю на клямку, і мені здається, що їй боляче. Десь за сотні кілометрів – відкриті рани, а тут усе болить.

BODY

Sofiia, Lviv

People usually think about their body most when it's in pain, right? That's when they feel it the most. I never thought I would feel my country as if it were a body. I go shopping, I walk up to the shop's door, I press the handle down, and it seems to me that it is in pain. There are open wounds hundreds of miles away, and here, everything hurts.

ТІСТО

дві жінки, Житомирщина

– Хотіла похудать до літа, а тут хоть би вижить. Коли повітряна тривога – зразу хочеться їсти.

– Я так тісто місила. Літають самольоти, мені мама звонить: біжи в подвал! А я кажу, не можу, в мене тісто.

DOUGH

Two women, Zhytomyr region

—I wanted to slim down for summer. But it's just about survival now, ya' know? Plus the air-raids make me hungry somethin' fierce.

—Sure yeah, I was kneading dough this way. Planes flyin', mama callin' me down to the basement. And I'm like: *I can't, I've got dough!*

ТОРТИК

Лукаш, Харків

Возили ми гуманітарку жінкам на Велику Данилівку. Туди постійно прилітало. А жінки такі затяті, відважні. Всім за шістдесят. Що ми їм привозили, те в них і було, бо нічого там купити було неможливо. І от якось вони кажуть: «Тут днями день народження в однієї з нас. Ви не могли б нам із гуманітаркою тортик привезти? Маленький.»

CAKE

Lukash, Kharkiv

We were delivering humanitarian aid for women in Velyka Danylivka. Missile strikes were common there. And the local women were so spunky, so brave. Everyone of them was over sixty. They'd take whatever we could get them, because it was impossible to buy anything in the area. And once, they said, "One of us is having a birthday. You wouldn't be able to bring us a cake with the next aid delivery, would you? Just a small one?"

ТРУП

Юлія, Дніпро

Ми їхали на Львів евакуаційним сидячим, типу Інтерсіті. Біля нас сіла жінка, в якої, напевно, було щось з ногами чи спиною, бо вона не змогла довго сидіти: поклала щось на підлогу, лягла і накрилася зверху якимись речами і шматами з головою. Вже в дорозі ми звернули увагу на те, що в нашому вагоні порівняно мало людей. Коли я на зупинці вийшла покурити, все з'ясувалося: люди думають, що ми веземо труп, і тому не заходять.

CORPSE

Iuliia, Dnipro

We were evacuating to Lviv on an intercity passenger train with seated cars. The woman sitting next to us must have had some issues with her legs or back, because she couldn't sit for long. She put something on the floor, laid down, and shrouded herself with some bits of clothing—including her head. While en route, we noticed that there were fewer and fewer people in our train car compared to the others. When I went out for a smoke at one of the stops, it became clear: people thought we were transporting a corpse and were avoiding our car.

X

ХВІСТ

Таня, Харків

Я сьогодні на вулиці побачила жінку, яка йшла мені назустріч і просто всміхалася до себе. Вона пройшла, а я машинально обернулася їй вслід. Так, ніби у неї був риб'ячий хвіст чи щось подібне. Ніби з нею щось не так.

TAIL

Tania, Kharkiv

I saw a woman on the street today, walking towards me and just smiling to herself. She passed, and I automatically turned around to look at her. 'Cause, it was like she had a fish tail or something. Like there was something wrong with her.

ЧИСЛА

Ірина, Сєвєродонецьк, говорить у телефон

А ти просто рахуй, давай разом? Один, два, три… Ні, повільніше, спочатку. Не поспішай. Один, два, три, чотири, п'ять, шість, сім… Ось бачиш? Все добре.

NUMBERS

Iryna, Sievierodonetsk, speaking into the phone

And you just count, okay? Let's count together. One, two, three . . . No, slower. Let's start over. Slowly. One, two, three, four, five, six, seven . . . There, you see? Everything's all right.

ЯБЛУКА

Анна, Київ

Цієї ночі я засинала у ванні, в кублі з ковдр і подушок, наслухаючи найпотужніші тут вибухи від початку війни.

Колись у попередньому житті я була шалено закохана, ми вперше поїхали разом у будиночок у Карпатах, була осіння осінь, ми засинали у кімнатці в мансарді в ліжку, не надто зручнішому за ванну, і я слухала, як у саду, зусібіч, гупають об землю яблука. Гупають і гупають, великі й стиглі, розмірено, цілу ніч. Я була щаслива.

Тепер я засинала під вибухи і чула ті яблука. Так хочу, щоб нам усім гупали тільки яблука в саду.

APPLES

Anna, Kyiv

That night I fell asleep in the bathtub—a bucket of blankets and pillows—listening to the most powerful explosions here since the beginning of the war.

Long ago, in my past life, I was crazy in love. We took our first trip together to a house in the Carpathian mountains. It was deep in autumn. As we fell asleep in the attic, on a bed that was not much more comfortable than a bathtub, I listened to the sound of apples falling in the garden. Thump, thump, thump, from all sides, large and ripe, at a measured pace, all night long. I was happy.

Now, when I fall asleep to explosions, I hear those apples. I want so badly for it to just be those garden apples hitting the ground around us.

А потім нам ще доведеться відбудувати мову.
Щоб свічка перестала бути окопною,
щоб пташка знову вбралася в пір'я,
щоб квіти перестали плюватись вогнем.
Щоб підвал знову став житлом солодкого варення
й картоплі вусатої.
Щоб тепло стало теплим, не відлунюючи «тепликом»,
як дідам нашим віддавало «теплушкою».
Мову відбудувати найважче, бо навіть коли вставимо
усі вікна, вони залишаться віконними отворами,
і стіна, пофарбована свіжо, не матиме значення,
якщо за нею не буде другої,
і навіть коли постелимо килими, не перестанемо думати
про міцність перекриттів під ними:
так війна оголила наші доми до скелету,
здерла з нас шкіру, щоб легше було перевірити,
чи ще б'ється під нею серце.
Серце б'ється, і ми заспокоюємося.
Таким стало значення слова «спокій».
Але чи вдасться нам полікувати слово «мир»,
щоб із нього не висипалися озброєні до зубів окупанти?
Чи вдасться нам відбудувати слово «братерство»,
щоб від нього не здушувало у горлі?
І навіть якщо слова ці лишаться в полі, непридатні й тупі,
як обгорілі ворожі танки, чи варто буде сумувати за
ними? Хіба мало нам буде смутку?

— Остап Сливинський

And after, we will also need to rebuild the language.
So that *candle* loses the adjective *trench*,
so the *birds* in our skies are only the kind with feathers,
and *flowers* no longer shoot long-range artillery.
Basement is restored as the home of sweet jams
and sprouting potatoes.
Warm becomes *cozy*, without echoing the name
given to the train cars used for Stalin's deportations.
Language proves the most difficult thing to rebuild,
because even when we replace the glass,
windows remain to us as frames.
Our freshly painted *wall* is only good if there's another—
according to the 'rule of two' for safety under bombardment.
And when we lay new carpets, we can't help but think
about the strength of the *floors* beneath.
The war stripped our houses to skeletons.
It skinned us to make it easier to check
whether there's a beating heart inside.
Our hearts beat. And we breathe steadily.
This became the meaning of the word *calm*.
But will we be able to heal the word *peace*
so that occupiers, armed to the teeth, don't pour out of it?
Will we be able to rehabilitate *brotherhood*
so it doesn't catch in our throats?
And even if these words remain adrift in a field, useless and dull,
like the husks of burnt enemy tanks, is there value
    in mourning them?
Won't we have had our lessons in *sorrow?*

—*Ostap Slyvynsky*

ПІСЛЯМОВА

Війна в алфавітному порядку

«Я відкидаю уяву на користь реальності, яку бачили інші».

- Стас з Києва, *Вулиця*

Нагадаю, Росія ніколи не оголошувала війну Україні. Втрата людських життів в Україні, уся шкода та надзвичайна трагедія щоденної тотальної війни, розбомблені школи, бібліотеки і лікарні, страждання цивільних і їх спротив, зруйновані міста і села без доступу до питної води, газу, електрики чи першої допомоги, екологічні катастрофи, занечищені і заміновані родючі землі, знищений чи викрадений урожай, якого бракне і українцям, і десяткам мільйонів людей на інших континентах, що чекають на український експорт зерна та олії, мільйони зруйнованих доль, мільйони біженців, ненароджені чи обманом викрадені з окупованих територій і вивезені до Росії українські діти – усе це транслюють у прямому ефірі світові новини та соцмережі. Є однак невидимий, нетрансльований бік окупованих територій і людських доль, які перебувають у сірій зоні, де ними керує випадок, логіка виживання і необмежене хтонічне насильство. Ця війна цілком може бути найкраще задокументованою війною в історії людства, але і досі її заборонено називати *війною* в Росії.

Тому слово-ключ у назві важливе. Так, ця книга говорить вглиб про те, як війна стає фактом життя. Про те, як «деякі речі вже просто в серце не вміщаються» (Віка з Маріуполя, *Алича*). Вона фіксує окремі дуже приватні ідіосинкратичні реакції

AFTERWORD

War Primer

"I reject my imagination in favor of the reality others have seen."

—Stas from Kyiv, *Street*

LET US REMEMBER THAT RUSSIA has never declared war on Ukraine. In Ukraine the loss of life; the material damages and extraordinary tragedy of daily, total war; bombed schools, libraries and hospitals; civilian suffering and resistance, destroyed cities and villages left without access to drinking water, gas, electricity, and emergency services; environmental disasters; fertile lands polluted and embedded with explosives; ruined or stolen crops, which are lost to Ukrainians and tens of millions across the globe who rely on Ukrainian grain and oil exports; the lives and hopes of millions—crushed; millions of refugees; unborn and kidnapped Ukrainian children taken from the occupied territories to Russia—all this is broadcast live on world news and social media. Yet, there is another unseen and unreported side of the occupied territories and the human lives there, which hovers in a gray zone governed by chance, the logic of survival, and unlimited chthonic violence. This war may be the best documented in human history, but it is still forbidden to call it a *war* in Russia.

Thus, the presence of this keyword in the title proves significant. This book speaks deeply about how war becomes a fact of life. About how "there are some things the heart can no longer take" (Vika from Mariupol, *Cherry Plum Tree*). It captures and brings together both the very private, idiosyncratic reactions of individuals

і скалки історій перших днів чи тижнів великого вторгнення. Коли смерть чигала з повітря, води і землі. Щось немислиме в 21 столітті. Щось, з чим важко впоратися і лишитися вповні собою, принаймні собою довоєнними. Мільйони цивільних справжніх людей з тіла і крові щодня і ночі подумки прощалися з життям і близькими. Сотні тисяч активних громадян усіх професій, зовсім не підготовлених, розслаблених високими технологіями і роботою з дому під час і після пандемії, встали з диванів і взяли до рук зброю, щоби собою прикрити свою країну, свої доми, своїх дітей.

Що ж тут можна вдіяти? Яка може бути відповідь зсередини творчої спільноти на колективне страждання, якому неможливо запобігти і яке розгортається в невідомість у геометричній прогресії зла? Значна частина розмов, уривки з яких складають *Словник війни*, сталися на львівському залізничному вокзалі, на польсько-українському кордоні, в госпіталі та тимчасових притулках. Народжений у Львові поет 20 ст. Леопольд Стафф, уцілілий після Першої та Другої Світових воєн, написав був знаменитий тепер вірш «Міст», який закінчується так: «Я не вірив, що пройду той міст. І вже стоячи на другому березі, далі не вірю». Народжений у Львові поет 21 ст. Остап Сливинський заповзявся з загального шоку і заніміння видобути дещицю слів. Це не означало говорити тільки про біль. Він спробував дати людям виговоритися, зняти з них тягар роззгодження з реальністю, допомогти у новій розгубленості знайти перше, за що можна зачепитися у спогаді, у підсвідомості, і освітити це щось спалахом нового усвідомлення.

Клопіт в тому, що ані розмовці, ані слухачі, ні упорядник цієї книжки, ні українські читачі, ні солідарні з нами люди доброї волі на цій планеті, - ніхто ще не є на другому березі. Ми все ще на цьому хиткому містку через прірву, де вирує каламутна ріка історії, що вийшла з берегів. До 2014 року я думала про своє і два молодші покоління як про щасливців. На наш вік припало менше війни, ніж на покоління наших батьків, дідів, прадідів. Але історія виправила мій оптимізм. Тепер в незалежній Україні немає жодного покоління, яке б народилося, прожило життя і померло в мирі.

alongside the splinters of history from the first days and weeks of the full-scale invasion—when death attacked from the sky, sea, and land. It is something unthinkable in the twenty-first century. It is difficult to cope with while remaining yourself, at least your pre-war self. Millions of civilians—real flesh and blood people—go to sleep every night having mentally said their goodbyes to their lives and loved ones. Hundreds of thousands of active citizens of all professions, who were completely untrained, lived in the comforts afforded by advanced technologies, and worked from home since the pandemic, rose from their sofas and took up arms to protect their country, homes, and children.

What might be done here? What kind of response does the creative community have to collective suffering that cannot be prevented and unfolds into the unknown in an exponential progression of evil? A significant number of the excerpts that make up *A Ukrainian Dictionary of War* come from conversations that took place at the Lviv railway station, on the Polish-Ukrainian border, in hospitals, and in temporary shelters for the displaced. A survivor of the First and Second World Wars, born in Lviv and a poet of the 20th century, Leopold Staff wrote the now-famous poem "The Bridge," which ends with the lines: "I didn't believe that I would cross that bridge, / And now that I am standing on the other side, / I don't believe I crossed it."• Born in Lviv and a poet of the 21st century, Ostap Slyvynksy—dumbstruck from the invasion and war—set himself the task of extracting from the new reality around him a small set of words. The idea was to speak about more than pain alone. He tried to give people the chance to talk things through, to ease the burden of their discordant reality, to help locate and retain their first memories in the subconscious amid this new confusion, and to illuminate these findings with new awareness.

The problem, however, is that neither the speakers, their interviewers, the compiler of this book, its Ukrainian readers, nor the good people of the world in solidarity with us—no one is on the other shore. We're all still on this teetering bridge spanning the muddy river of history, which ragefully overflows and floods the land. Until 2014, I considered my generation and the

Тому ця книжка. Тут говорять вільні люди – у них є тіла, характери, почуття. Люди, які самостійно створювали і вирощували власне недосконале життя у власній недосконалій країні, докладаючи зусиль і надзусиль, самі проектували своє майбутнє. Люди, які в більшості не успадкували домів чи родинних скарбів, бо все це було в нашій частині світу не раз знищене у тиглі 20 ст. війнами, революціями, репресіями, змінами ненависних режимів. Кожному поколінню доводилося починати спочатку. Тепер спочатку починають і вони, і їх батьки та діти.

24 лютого Катерина з Вишгорода саме збиралася винести сміття, перед тим як рушити з дому в невідомість. Звісно, треба було полити квіти і залишити дім чистим. «Взяла пакет з органікою. Чи брати пакети з пластиком, склом, упаковками? Чи не змішають усе в хаосі війни? Дбайливо вимиті баночки з-під йогуртів, пляшки, дитячі розмальовки… Чи не стане сміттям мій будинок, моє місто, якщо я покину їх? Чи маю я право про це думати?» (*Сміття*)

Тепер ви розумієте, про що це. У людей є базові невідчужувані потреби і права, вони складаються у підмурівок нашої гідності: право на життя, на дім, на безпеку, на самовизначення. Усе це слід захищати наяву і в наративній пам'яті. Інакше захланний ворог спотворить, розкидає і знищить навіть наші внутрішні міста і ландшафти дитинства.
Один зі способів захисту – саморозповідність. Інший – те, що можемо і вміємо протиставити хаосу та ірраціональності війни, – упорядкування.

Сливинський залучив до цього обережного чуйного оповідання й упорядкування ще 21 однодумців. Серед них давні подруги й друзі – письменники, журналісти, літературні критики, митці, перекладачі. Усі вони на декілька місяців поспіль стали насамперед слухачами, довірливими, уважними і чуйними. Будучи геть незахищеними й крихкими перед пащею великого молоха. У цьому також проявилося їх волонтерство, що відновлювало і зміцнювало почуття приналежності, важливості, солідарності. Ці однодумиці часом самі були біженками, тож зустрічали і годували інших біженців як рідних

two preceding as fortunate. Our era had seen less war than the generation of our parents, grandparents, and great-grandparents. But history corrected my optimism. Now in independent Ukraine, there is not a single generation that was born, lived, and died in peace.

That's why we have this book. Here are the voices of free people: they have bodies, personalities, feelings. They are people who, of their own volition, created and cultivated their own imperfect lives in their own imperfect country, worked together and with brave endeavors, designed their future. These are people, who mostly didn't inherit houses or family treasures, because so much was destroyed, and more than once, in our part of the world during the crucible of the twentieth century by wars, revolutions, repressions, and changes of hated regimes. Each generation had to start anew. Now, once more, parents and children will have to start over.

On February 24th, Kateryna from Vyshhorod decided to take out the trash before she left her home for the unknown. Of course—it was necessary to water the flowers and leave the house clean. "I took out the bag with organic waste. Should I also take the ones with the plastics, the glass, the packaging? Will it all end up mixed back together in the chaos of war? The carefully washed yogurt cups, bottles, and children's coloring pages . . . Will my house, my city, become trash if I abandon them? Do I even have the right to think about this?" (*Trash*)

Now we see what this is about. People have basic inalienable needs and rights. These form the foundations of our dignity: the right to life, a home, security, and self-determination. All this should be protected both in reality and in narrative memory. Otherwise the greedy enemy will disfigure, dismantle, and even completely destroy the cities and landscapes of our childhood.
One means of protection is self-reporting. Another—something we can do to oppose the chaos and irrationality of war—collect and compile the records.

Slyvynsky involved more than twenty-one like-minded team members in the work of sensitive recording and compilation. Among them are former girlfriends, friends, writers, journalists,

незнайомців, допомагали з тимчасовим поселенням і логістикою, та й просто перевести подих. Вчитайтеся, скільки життя у цих справжніх людях, скільки прямостояння і спокійної гідності перед лицем катастрофи: «Возили ми гуманітарку жінкам на Велику Данилівку. Туди постійно прилітало. А жінки такі затяті, відважні. Усім за шістдесят. Що ми їм привозили, те в них і було, бо нічого там купити було неможливо. І от якось вони кажуть: «Тут днями день народження в однієї з нас. Ви не могли б нам із гуманітаркою тортик привезти? Маленький» (Лукаш з Харкова, *Тортик*). Тортик може бути маленьким, коли серце велике. Та й справа не в тортику, а в тому що кожна і кожен заслуговує дбайливого обходження, і в горі, і в радості, а особливо в день свого народження. Навіть у війну люди динамічно живуть, ростуть над собою і обставинами, формують нові дружби й мережі солідарності.

Усі тирани намагаються обезличити народи, над якими прагнуть запанувати, знеособити їх як мовчазну залякану біомасу приречених. Мало хто здає собі справу, що в сучасній Росії та Білорусі політв'язнів уже більше, ніж було в цих двох радянських республіках у складі СРСР за часів Брежнєва. І в тюрмах їх піддають тортурам фізичним та психологічним, точно, як на підвалах на анексованих і окупованих територіях. Ось що значить «можем повторить», такий політичний уклад несе російський солдат і його зброя.

У цій війні на українському боці стоять звичайні люди – мільйони вільних та рівних у своїй біді громадян. Попри намагання ворожої армії перетворити їх на мішені, вони відмовляються приймати статус жертви. Натомість зберігають свою суб'єктність і дар мови, усвідомлюючи необхідність вижити саме як особистості. Вони активно долучаються до справи власного порятунку, пропрацьовуючи свою травму та складні емоції. У тексті ви не знайдете прямих вказівок на те, що говорять саме українці – у перекладі про це свідчитиме хіба що топоніміка. Ці уривчасті репліки, кожна з яких унікальна за висловом і пережиттям, зібрані разом утворюють лакунарну цілість. Зібрані і впорядковані, вони раптом стають універсальними, резонуючи з боротьбою за права і

literary critics, artists, and translators. For several months they became listeners first and foremost—trusting, attentive, and responsive. Emotionally, it would be as if sitting defenseless and fragile before the gaping maw of a demon. These efforts also displayed volunteerism, which restored and strengthened feelings of belonging, importance, and solidarity among the newly forming communities. These like-minded people were sometimes themselves displaced by the war, so they greeted and gave food to other refugees as native strangers, helped with temporary settlement and logistics, and simply sat together to catch their breath. Just read how much life there is in these real people, how much uprightness and calm dignity in the face of catastrophe: "One of us is having a birthday. You wouldn't be able to bring us a cake with the next aid delivery, would you? Just a small one?" (Lukash from Kharkiv, *Cake*) A cake can be small when one's heart is big. And it's not really about the cake, but that everyone deserves care, both in times of grief and joy, and especially on one's birthday. Even during war people live dynamically—they grow to be more than themselves and their circumstances, form new friendships and networks of solidarity.

All tyrants attempt to depersonalize the peoples they seek to rule by characterizing them as a silent, intimidated, biomass of the doomed. Few realize that there are more political prisoners in modern Russia and Belarus than there were in their Soviet counterparts during the Brezhnev era. And in these prisons, inmates are subjected to physical and psychological torture, just as they are in the basements of Ukraine's annexed and occupied territories. This is what the slogan "we can do it again" really means: this political attitude in the form of a Russian soldier and his weapon.••

On the Ukrainian side of this war stand ordinary people—millions of free citizens made equals in their misery. Despite the enemy army's efforts to turn them into targets, they refuse to accept victimhood. Instead, they retain their own subjectivity and their gift of expression, realizing the need to maintain their personality as part of survival. They are actively involved in the cause of their own recovery, working through their trauma and complex emotions. In the text, you will not find any specific information

гідність на всіх континентах. Адже люди не перестають мислити, навіть коли стається немислиме.

Тут під обкладинкою зібрано таке, чого не сфотографуєш і не застрімиш на каналі соціальних мереж. Тут немає кліше. З понад 70 монологів на диво тільки пару раз вимовлено слово «війна». Хоча це найсерйозніша загроза з усіх, які можуть досвідчити люди, на розрив серця, і йдеться про вирішальні дні чи тижні цієї загрози.

За кадром лишилися сотні годин тихих розмов, самоповторів, зітхань, наближень і віддалень. Люди, що ділилися пережитим, хотіли саморозповістися і дали дозвіл на публікування уривків своїх історій. У цій книзі вони підписані власними іменами і містами свого походження, ніби середньовічні аристократи, митці-винахідники або святі.
Як поет Остап Сливинський міг зробити з цього ліричний цикл документальної антропологічної поезії, але ні. Сама ідея тоді була б спрофанована, викривлена до невпізнання. Вірші були не на часі, і те, що вдалося зібрати, зафіксувати, має цінність саме в собі. Бо без ініціювання цих розмов певне приватне знання, відчування і спогади могли просто розчинитися, канути в Лету, могли *ніколи не бути розказаними, навіть собі.* Як це вже не раз ставалося в нас в попередніх поколіннях: з тими, хто пройшов схожі випробування, нема про що говорити, вони і так все розуміють; з тими, хто там не був, нема чого й починати – вони і так нічого не збагнуть. Тому ця книга – жест радикальної емпатії.

Упорядник вирішив зберегти гідність та інтонацію кожної і кожного, зберегти відвертість екстремального досвіду людини, схопленого у фрагменті і названого ключовим словом, наче залитого в бурштин катастрофи. 80 фрагментів, 80 реалій, 76 слів, які назавжди змінили сенс або ж першу асоціацію для своїх оповідачів. Він висклaдав їх за алфавітним порядком. Відчуваєте зухвалість? Я навіть не певна, що *словник* передає всю суть цього ризикованого задуму. Можливо, йдеться про абетку, про primer, тобто про першу книгу з картинками, з якої люди колись вчилися гуртом і, здається, все ще вчаться читати, встановлювати фундаментальний зв'язок

from the Ukrainian speakers—in the translation, only the place names will testify to specific atrocities. The fragmentary lines at hand, each unique in its expression and experience, together form a lacunar whole. Collected and arranged, they suddenly become universal, resonating with struggles for rights and dignity on all continents. People don't stop thinking even when the unthinkable happens.

Here, between these covers, can be found things undiscoverable in photographs or social media channels. There are no clichés here. In over seventy monologues, you find the word "war" surprisingly little—although it's the most serious threat that most people can experience, serious as a heart attack, deadly from its first crucial days and weeks.

Behind the scenes lie hundreds of hours of silent conversing, self-repeating, sighing, growing close, and distancing. The people who shared their experiences wanted to tell their stories and gave permission for them to be published. In this book, their narratives are signed with their own names and cities of origin, as if they were medieval aristocrats, artist-inventors, or saints.

Himself a poet, Ostap Slyvynsky could have turned this project into a lyrical cycle of anthro-poetry—but no. That would have profaned and distorted the original idea beyond recognition. Such poems would not be from the moment, and what has been collected and recorded here has that value. Because, unless these conversations had been started, certain private knowledge, feelings, and memories might have simply dissolved and sunk into oblivion, having never been told, even to the self. This has happened to us more than once in previous generations with those who underwent similar trials: there was nothing to talk about because everything was already understood, and there was nothing to say to the ones who didn't experience it, because they wouldn't understand anything anyway. This book, then, is a gesture of radical empathy.

The book's compiler decided to preserve the dignity and intonation of each and every interlocutor, to retain the undisguised and extreme nature of that person's experience, to capture it in a fragment and label it with an extracted keyword as if it had been

між світом і словом. Художниця оригінального українського видання Катерина Гордієнко добре схопила цю абетковість *не для дітей*, як сказав би уцілілий у Другій світовій професор Юрій Шевельов (Шерех).

У переліку є принаймні два випадки неперекладності. В українському варіанті фігурують обидва відповідники до слова love – кохання і любов. При чому, друге – то жіноче ім'я. А під гаслом «Кімната» фігурує польська гра слів, де слово «мир» є омонімом до слова «кімната», отож мати свою кімнату водночас означає пробувати у мирі.

Коли уже немає своєї кімнати і нема певності, що вона ще колись буде, коли треба тікати від окупації, і ні змоги ні сил щось пояснювати та перекладати, люди можуть ділитися навіть силою духа і молитвою на незнайомій досі мові малознаної віри, як це сталося з Галиною з Мелітополя (*Молитва*) і її кримськотатарською супутницею: «Ми їхали. Я просто боялась, а та жінка весь час молилась. І я попросила: «Можна, я з вами, бо я не знаю ніякої молитви?» І вона навчила мене. Це молитва від нечистого. Я тепер часто її повторюю».

Гарантій нема, страховки нема. Є тільки маленькі зусилля, думки і дії, є статус краплі в океані, але є й океан, бо за волонтерами шумить і дихає живий океан людяності.

Рукотворному злу, множині індивідуальних злочинів загарбника, можна всередині свого суспільства негайно протиставити хіба що опікунче мислення і рукотворне добро, багато турботливого добра на місцях, зробленого собою наперекір зловісній спільній долі, яка пророкує, що далі буде тільки гірше. Не тільки. Щось створюється в ту темну годину, коли здається, що все руйнується і тремтить від страху. І це щось пов'язане зі спонтанними жестами взаємопідтримки, прихистку, ділення і любові. Так з відчаю народжуються відчайдухи. Потім окремі з них наважуються ще й на книжки-свідчення, книжки-кінцуґі, де окремі ієрогліфи воєнних досвідів поступово складаються у спільне сенсове повідомлення для міста і світу, а їх надщерблені гострі краї тендітно склеєні золотою латкою надії.

Ірина Старовойт

fossilized in the amber of disaster. Eighty fragments and eighty realities for seventy-six words whose associations forever changed for their narrators. Slyvynksy used these keywords to arrange the narratives in alphabetical order. Do you sense the audacity? I'm not sure the final dictionary fully conveys the risky essence of the concept of this project. Perhaps it is our shared and fundamental experience of learning the alphabet in school primers and illustrated letters, through which, in groups, people (first, and it seems still) learn to read and establish a basic relationship between the world and the word. The illustrator of the original Ukrainian edition, Kateryna Hordiienko, deftly conveyed this alphabet *not for children*—to use the words of World War II survivor Professor Iurii Shevelov (pen name Sherekh).

There are at least two challenges to translation in this lexicon. The first is the instance of two Ukrainian words for *love*—*kokhannia* and *liubov*. The first refers to a more romantic, passionate, sexual love and the second serves both as a general, all-encompassing term for love and a female name. Under the entry for *Room* there is a play on words with the Polish word for *peace* being a homonym of the word *room*—so having your own room simultaneously means living in peace.

When one's room is no longer one's own, when there's no certainty of return or that there will be something to return to, when one has to flee from occupation and loses the ability and strength to explain or translate anything, people can at least share the strength of spirit and prayer, as was the case with Halyna from Melitopol and her Crimean Tatar companion: "As we drove, I was simply scared. But the woman prayed constantly. So I asked her, 'Can I join you? I don't know any prayers.' And she taught me . . . This prayer seeks refuge from Satan. To this day I repeat it often." (*Prayer*)

There are no guarantees; there is no insurance. There are only these small efforts, thoughts, and acts. They amount to a drop in the ocean. But the living ocean of humanity hums and breathes in support for these narrators, these volunteers.

The man-made evil and the multitude of individual crimes at the hands of the invader in this war utterly contrasts with our social concept of guardianship, man-made good, altruism and

grassroots agency. It casts an ominous shadow; it prophesies that our future will only be worse. Not only. Something has been created in this dark hour when it seems that everything is trembling and collapsing in fear. And this something relates to our spontaneous gestures of mutual support, sheltering, sharing, and love. Yes, misery breeds despair. But some of it ventures into books of witness, into Kintsugi books, where the individual hieroglyphs of war experiences are gradually pieced together in a common, meaningful message for a city, for a world, and their jagged, sharp edges are carefully joined together by the golden thread of hope.

—*Iryna Starovoyt*

- Translation from the Polish by Czesław Miłosz

•• A Russian propaganda slogan referring to the Soviet WWII victory over Nazi Germany.

ПРО ІЛЮСТРАЦІЮ НА ОБКЛАДИНЦІ

Ілюстрація на обкладинці була створена в той самий день, коли прийшла звістка про загибель українського поета Максима Кривцова, який приєднався до війська для захисту України. Малюнок руки з раною-стигмою, з якої проростають фіалки, це символ життя, яке продовжується завдяки невимовно болючій жертві, що її приносять найкращі українці, ідучи на війну… Водночас, зображення є ілюстрацією до вірша самого Максима Кривцова, який він написав незадовго до своєї загибелі:

> Моя голова котиться від посадки до посадки
> як перекотиполе
> чи м'яч
> мої руки відірвані
> проростуть фіалками навесні
> мої ноги
> розтягнуть собаки та коти
> моя кров
> вифарбує світ у новий червоний
> Pantone людська кров
> мої кістки
> втягнуться в землю
> утворять каркас
> мій прострелений автомат
> Заржавіє
> Бідненький
> мої зміні речі та екіпу
> передадуть новобранцям
> та скоріше б уже весна
> щоб нарешті
> Розквітнути
> фіалкою.

ABOUT THE COVER ART

The illustration on the cover was created on the very same day after the news of the death of Ukrainian poet Maksym Kryvtsov, who joined the military to defend Ukraine. The drawing depicts a hand with a wound—stigmata—from which violets sprout, symbolizing life that continues thanks to the indescribably painful sacrifice made by the best Ukrainians who go to war. At the same time, the image serves as an illustration for a poem by Maksym Kryvtsov himself, which he wrote shortly before his death.

My head rolls from grove to grove
like tumbleweed
or a ball.
my torn-off arms
will sprout violets in the spring
my legs
will be stretched by dogs and cats
my blood
will paint the world a new red
Pantone human blood
my bones
will sink into the earth
forming a frame
my discharged rifle
will rust
poor thing
my spare clothes and gear
will be handed to new recruits
and let spring come sooner
so I can finally
bloom
as a violet.

Тепер прекрасні та ніжні фіалки стали для нас символом загиблих українських солдатів і набули зовсім нового та неочікуваного значення.

Анастасія Аврамчук

Now, the beautiful and delicate violets have become a symbol of fallen Ukrainian soldiers, gaining a completely new and unexpected meaning.

—*Anastasiia Avramchuk*

GRACE MAHONEY is a translator, scholar, and the series editor of the Lost Horse Press Contemporary Ukrainian Poetry Series. She has translated *A Field of Foundlings* by Iryna Starovoyt (Lost Horse Press, 2017) and works by Liudmyla Khersonska, Svitlana Povaliaieva, Elena Shvarts, and Yuri Izdryk, which have appeared in literary journals and anthologies. Her translation of Victoria Amelina's novel *Dom's Dream Kingdom* received a Translation-in-Progress Grant from the Peterson Literary Fund (2023) and has excerpts published in *Alchemy* and *Brick*. She holds her PhD in Slavic Languages and Literatures from the University of Michigan.

TARAS MALKOVYCH is a Ukrainian poet, translator, and the founder of Tapas Localization, an audiovisual translation agency. His literary translations include the *Anthology of Young Poetry of the U.S.* in Ukrainian, completed as a Fulbright Visiting Scholar at Columbia University in New York. He also co-translated *The Casual Vacancy* by J.K. Rowling and *The Wingspan*, an anthology of modern Irish poetry in Ukrainian. He holds a PhD in Translation Studies from the Taras Shevchenko National University of Kyiv. Taras is the author of *The One Who Loves Long Words*, a collection of poetry. Some of his poems have been translated and published in Bulgarian, French, German, Greek, English, and Polish.